Notker Wolf / Corinna Mühlstedt

Kraftort Rom

NOTKER WOLF | CORINNA MÜHLSTEDT

KRAFTORT ROM

SPIRITUELLE STREIFZÜGE

BONIFATIUS

Bibliografische Information der Deutschen Nationalbibliothek:
Die Deutsche Nationalbibliothek verzeichnet diese Publikation in der Deutschen Nationalbibliografie; detaillierte bibliografische Daten sind im Internet über http://dnb.d-nb.de abrufbar.

Klimaneutrale Produktion.
Gedruckt auf umweltfreundlichem, chlorfrei gebleichtem Papier.

Umschlaggestaltung: Weiss Werkstatt München, *werkstattmuenchen.com*
Foto: © Rudy Balasko/Shutterstock.com, Porträts privat
Layout: Melanie Schmidt, Bonifatius GmbH Paderborn
Druck und Bindung: CPI books GmbH, Leck
Printed in Germany

ISBN 978-3-98790-059-4

Weitere Informationen zum Verlag:
www.bonifatius-verlag.de

Dank an eine wunderbare Stadt
und an den, der sie uns erleben ließ

Corinna Mühlstedt
Notker Wolf

INHALT

Vorwort / Einführung 9

I Aufbrechen 15

a Auf den Spuren des heiligen Benedikt
San Benedetto in Piscinula 15

b Mit Luther nach Rom
Das Kreuz in Santa Maria del Popolo 22

II Innehalten – Krisen akzeptieren 27

a Das Vorbild des Paulus
Caravaggio in Santa Maria del Popolo 27

b Wohin soll ich gehen? – Die Frage des Petrus
Via Appia Antica und Domine Quo Vadis 33

III Hoffnungszeichen 41

a Eine Vision weist den Weg
Ostia Antica 41

b Das Kreuz als Herausforderung
Rund um den Palatin 47

c Eine neue Blickrichtung
Das Kreuz von San Marcello 54

IV Umdenken 59

a Dem Ruf folgen
Die Berufung in San Luigi dei Francesi 59

b Mut zur Wahrheit
Der Bocca della Verità 64

V Sehnsucht nach Heilung ... 71
a Veränderung ist möglich
Die Priscilla-Katakombe ... 71
b Die Kraft der Berührung
San Saba ... 77

VI Unterstützung suchen ... 83
a Dankbarkeit empfinden
Die Madonnelle und Santa Maria Maggiore ... 83
b Dem Heiligen begegnen
San Giovanni in Laterano und die Scala Santa ... 89
c Zeichen verstehen
Santa Croce und San Lorenzo ... 95

VII Not sehen ... 101
a Selig die Armen
Der Waldensertempel ... 101
b Mut zu dienen
San Francesco a Ripa ... 106
c Das Leben einsetzen
Santa Maria in Trastevere und Sant'Egidio ... 111

VIII Ringen um Erneuerung ... 117
a Bei sich anfangen
Santa Maria dell'Anima / Papst Hadrian VI. ... 117
b Angst überwinden
Johannes Paul II. und sein Grab ... 123
c Gemeinschaft leben
Santa Maria del Carmine und die Fokolare ... 130

IX Neue Perspektiven 137
a Hoffnung ahnen
Der Friedhof an der Pyramide 137
b Versöhnung wagen
Die Christuskirche 144
c Samenkorn sein
San Pietro in Vaticano 151

X Loslassen und frei werden 159
a Sterben, um zu leben
Der Aventin und Sant'Anselmo 159
b Grenzen sprengen
San Gregorio und Mutter Teresa 167
c Offen für die Welt
San Paolo fuori le Mura und Tre Fontane 172

XI Neue Wege gehen 181
a Brücken bauen
Ara Coeli und die römische Moschee 181
b Die Kraft der Liebe
Die römische Synagoge und die Tiberinsel 187

XII Ankommen 193
Durch die Heilige Pforte gehen 193

Anhang 198
Übersichtskarte 198
Quellen und Anmerkungen 201
Register 203
Abbildungsverzeichnis 207

VORWORT / EINFÜHRUNG

Liebe Leserin, lieber Leser – lieber Pilger, lieber Pilgerin,

herzlich willkommen in Rom! Es sind viele touristische Reiseführer am Markt, und wenn Sie nur Zahlen, Fakten oder Daten suchen, dann greifen Sie einfach zu einem der üblichen Bücher. Dieser Führer, den Sie jetzt in Händen halten, möchte etwas anderes bieten: spirituelle Streifzüge durch die Ewige Stadt!

Rom hat nicht nur wunderbare Bauten und archäologische Prachtstücke, berühmte Gemälde und herrliche Museen zu bieten. Die Stadt war immer auch ein Anziehungspunkt für Menschen, die nach der Wahrheit hinter den Dingen fragten und etwas von ihr in Rom spürten. Mag man diese Wahrheit Gott, Weltgesetz, das Ewige oder anders nennen, in Rom kann man diese Wirklichkeit erahnen. Rom ist ein Kraftort.

Die Stadt ist seit fast 2000 Jahren christlich geprägt. Aus dem Zeugnis der ersten Märtyrer ging eine weltumspannende Kirche hervor. Freilich war die Geschichte dieser Kirche und der Stadt Rom, wie jeder weiß, kein reines Ruhmesblatt: Triumph und Zerstörung, Macht und Ohnmacht, Wahrheit und Irrtum, Friedenszeiten und Kriege haben ihre Spuren hinterlassen.

Andere Glaubenstraditionen wurden von der römischen Kirche jahrhundertelang unterdrückt und sogar verfolgt. Erst im ausgehenden 19. Jahrhundert hat sich das schrittweise geändert. Heute hat Rom eine starke, in mancher Hinsicht vorbildliche ökumenische und interreligiöse Tradition. Dazu später mehr.

Das Erstaunliche: Wer sich auf diese Stadt einlässt, kann im Auf und Ab der Geschichte allen Widrigkeiten zum Trotz etwas vom Wehen jenes Geistes ahnen, den man *heilig* nennt. Man mag solche Erfahrungen als spirituell oder mystisch bezeichnen. In ihnen spiegelt sich jedenfalls eine Kraft, die Menschen seit 2000 Jahren in Rom wahrgenommen haben. Und sie lockt Heerscharen von Pilgern und Spurensuchern – seien sie gläubig oder nicht – stets aufs Neue hierher.

In besonderer Weise gilt das für die sogenannten Heiligen Jahre: Sie sollen nach kirchlicher Tradition Pilgern eine besondere Chance geben, Belastungen der Vergangenheit abzustreifen, um wieder frei und zuversichtlich nach vorne zu schauen. Ein Heiliges Jahr wurde erstmals von Papst Bonifaz VIII. im Jahr 1300 ausgerufen. Seither fand das Ereignis in unregelmäßigen Abständen statt, meist jedoch alle 25 Jahre.

Das von Papst Franziskus für das Heilige Jahr 2025 ausgewählte Motto „Hoffnung“ steht in einer von Kriegen und Krisen geschüttelten Welt für eine Botschaft, die letztlich jede Religion in sich trägt: das Vertrauen, dass nicht Menschen – seien sie noch so einflussreich – das Schicksal der Welt bestimmen, sondern eine höhere Macht. Sie wird die Welt vollenden und ist die Quelle aller Hoffnung.

Aber Sie werden jetzt vielleicht fragen: Kann man als moderner Pilger in Rom wirklich etwas von dieser Hoffnung entdecken? Inmitten von Millionen Menschen, von Lärm und Kommerz? Wir (die Autorin und der Autor) haben, jeder von uns auf seine Weise, Jahrzehnte unseres Lebens in Rom verbracht. Und wir durften dabei immer wieder – manchmal zu unserer eigenen Überraschung – etwas von dem besonderen Geist spüren, der hier weht.

Einige dieser Erfahrungen möchten wir mit Ihnen teilen. Unsere Streifzüge führen an bekannte Orte und zu eher verborgenen Details, die uns in Rom wichtig geworden sind. Sie werden während Ihres Romaufenthalts nicht all diese Punkte besuchen können, aber immerhin eine Auswahl. Jeder dieser Streifzüge kann zu einem spirituellen Erlebnis werden. Und Sie werden dabei möglicherweise einen neuen Zugang zu Ihren eigenen inneren Kraftquellen finden. – Begleiten Sie uns! Sei es zu Hause, entspannt in Gedanken, vielleicht bei der Vorbereitung einer Reise oder idealerweise vor Ort in Rom.

Corinna Mühlstedt & Notker Wolf

***

Als uns alle am 3. April 2024 die Nachricht vom plötzlichen Tod Abt Notkers erschütterte, war dem Verlag und mir sofort klar: Die bisherige gemeinsame Arbeit soll nicht umsonst gewesen sein! Und daher schreibe ich dieses Buch voller Dankbarkeit zu Ende. Voller Dankbarkeit an eine wunderbare Stadt und an einen Menschen, mit dem ich sie bis zum 2. April 2024 immer wieder vor Ort teilen durfte.

Ich war acht Jahre alt, als ich mit meinen Eltern erstmals Rom besuchte. Seither ließ mich die Atmosphäre, ja, die Faszination des „Kraftorts Rom" nicht mehr los. Notker Wolf war zu dieser Zeit Philosophie-Professor in Sant'Anselmo, der internationalen Benediktiner-Hochschule auf dem römischen Hügel Aventin. Wir kannten uns nicht. Während er dann in den 1980er Jahren als Erzabt und Präses der Missionsbenediktiner von Sankt Ottilien durch die Welt flog und Klöster in allen Kontinenten betreute, habe ich in Rom Theologie studiert. Ökumenisch!

Später wurde ich als Fachjournalistin im Bereich Religion von der ARD immer öfter nach Rom zurückgeschickt. Besonders nach den Anschlägen auf das World-Trade-Center in New York 2001 schien es immer wichtiger, Brücken der Kommunikation und des Friedens zwischen Ländern, Konfessionen und Religionen durch solide Informationen zu fördern. Seither wohne ich mit einem Fuß in Rom und habe von dort aus zahllose Features, Reportagen und Dokumentationen erstellt.

Notker Wolf wiederum wurde im Heiligen Jahr 2000 zum Abtprimas der weltweiten Konföderation der Benediktiner mit Sitz in Sant'Anselmo gewählt. Der internationale Äbte-Kongress bestätigte ihn zweimal in diesem Amt, sodass er bis 2016 in der Ewigen Stadt blieb. In dieser Zeit kreuzten sich unsere Wege oft, und wir konnten gemeinsam zahllose Projekte verwirklichen, in denen auch immer wieder die Ausstrahlung des Kraftorts Rom zu spüren war.

Für dieses Buch haben wir unsere jahrzehntelangen Romerfahrungen kombiniert und „Kraftorte" zusammengestellt, die im Lauf dieser langen Zeit für den einen oder anderen von uns besondere Bedeutung bekommen haben. Es sind stets Orte, die es erlauben, tiefer in die Geschichte und den Glauben einzutauchen. Die meisten von ihnen konnten wir bei den Vorbereitungen für dieses Buch noch einmal gemeinsam besuchen, so wie wir auch einen großen Teil des Textes noch gemeinsam entworfen haben. Die gewählte Reihenfolge der Orte entspricht einem mystischen Weg des Erkennens. Die einzelnen Kapitel beschreiben kleine spirituelle Erfahrungen im Alltag.

Vieles in diesem Buch ist Notker Wolfs geistiges Vermächtnis und darüber hinaus unser beider Dank an die Ewige Stadt, in der das Geheimnis und die Wahrheit dessen, der alles umfasst, bis heute am Werk ist!

Corinna Mühlstedt

***

Willst du wahres Leben finden,
dann brich auf!
Jenseits des Sichtbaren,
jenseits aller Worte
liegt ein Ort,
den nur deine Sehnsucht kennt.
Der Weg dorthin
ist nirgendwo verzeichnet,
doch er spiegelt sich
in deiner Seele. –
Folge ihm!

Corinna Mühlstedt

Eine (pilgernde) Möwe ist am Petersplatz in Rom auf dem Haupt des heiligen Petrus gelandet und hält Ausschau

I AUFBRECHEN

a Auf den Spuren des heiligen Benedikt

San Benedetto in Piscinula

Einst war eine Pilgerreise in die Ewige Stadt ebenso zeitaufwendig wie beschwerlich, ein Abenteuer voller Strapazen und mit unsicherem Ausgang. Heute ist die Entfernung mit Bus, Bahn oder Flugzeug in aller Regel rasch überwunden. Einmal in Rom angekommen, kann man an jedem beliebigen Punkt beginnen, die Stadt zu erkunden, warum also nicht vis-à-vis der Tiberinsel in dem romantischen alten Stadtteil Trastevere.

Nur wenige Schritte vom Tiber entfernt, liegt hier die „Piazza in Piscinula“ mit gemütlichen Cafés und Restaurants. Im Hintergrund sieht man einen kleinen romanischen Glockenturm. Er ist einer der ältesten Roms und gehört zu einem äußerlich völlig unscheinbaren Kirchlein, an dem man nur allzu schnell achtlos vorübergeht: „San Benedetto in Piscinula“ – zu Deutsch: „Der heilige Benedikt im Bade“.

Der Name verrät etwas von dem für die Römer charakteristischen Humor, der ihnen half, Kriege, Seuchen und Plünderungen optimistisch zu überstehen. Zugleich verweist er auf eine

Die Tiberinsel vom Ufer unterhalb des Aventins aus gesehen. Auf der linken Seite sieht man im Hintergrund Trastevere. Ein historisches Foto aus dem heiligen Jahr 1925

nüchterne Tatsache: In dieser Gegend waren bis ins 18. Jahrhundert die Reste öffentlicher Badeanstalten zu sehen. Das winzige Kirchlein wiederum steht auf den Ruinen antiker Häuser, die dem Geschlecht der Anicier gehörten, jener angesehenen Familie, in der im 5. Jahrhundert Benedikt von Nursia geboren wurde.

Betreten wir die Kirche und sehen wir uns etwas in ihr um: Sobald sich die Tür hinter uns geschlossen hat, sind die lauten Stimmen aus den Cafés, die Musik und die Motoren vorbeifahrender Autos nicht mehr zu hören. Es herrscht vollkommene Ruhe.

Gleich hinter dem Eingang öffnet sich links eine Kapelle mit einem Marienbild. Der heilige Benedikt lacht uns von einem bunten Glasfenster aus an, durch das etwas Tageslicht in den halbdunklen Raum fällt. Eine Inschrift erklärt uns: Wir sehen die Reste jenes Hauses, in dem Benedikt etwa im Jahr 495 wohnte. Damals kam er als junger Mann aus seinem Geburtsort Nursia / Norcia in den umbrischen Bergen zum Studium nach Rom und sollte in der Weltstadt die standesgemäße Bildung für eine große Karriere erwerben.

Halten wir einen Augenblick inne und stellen wir uns vor, was Benedikt konkret erlebte: Ein Jugendlicher voller Ideale aus gutem Hause, der in der idyllischen Natur Umbriens aufgewachsen ist,

Sant Benedetto in Piscinula, Innenraum

kommt in die Metropole Rom. Die Stadt ist im Umbruch. Diverse Heere haben sie geplündert. Das antike Imperium ist zerfallen. Krankheiten und Laster aller Art haben Einzug gehalten. Papst Leo der Große schreibt zu jener Zeit: „Ich schäme mich, es zu sagen, … aber die heidnischen Götzen werden hier mehr geehrt als die Apostel. Wahnwitzige Spiele werden mehr besucht als die Kirchen.“

Und Benedikt? Es ist nicht verwunderlich: Er hält es in Rom nicht lange aus; das Treiben dort widert ihn an. Doch gleichzeitig beginnt hier sein geistlicher Pilgerweg, seine Suche nach dem We-

Glasfenster in San Benedetto in Piscinula, das den heiligen Benedikt zeigt.

sentlichen im Leben. Gemäß dem Vorbild der antiken Wüstenmönche zieht er sich in die Einsamkeit der Berge zurück, in eine Höhle oberhalb des kleinen Ortes Subiaco.

Dort wohnt er, so heißt es, „allein unter den Augen Gottes" in „innerer Ruhe". Jahre später gründet Benedikt zwölf Klöster, immer auf der Suche nach größerer Nähe zu Gott und immer bemüht, seine Erfahrungen anderen zu vermitteln. Schließlich richtet er südlich von Rom in Montecassino ein Kloster ein, in dem er für den Rest seines Lebens bleibt und im Jahr 547 kurz vor Ostern stirbt.

Gehen wir in San Benedetto in Piscinula noch weiter in den halbdunklen, romanischen Kirchenraum. Wir laufen dabei auf den bunten Steinen eines wunderbaren Kosmaten-Fußbodens und erkennen über dem Altar ein altes Bildnis des Heiligen: Benedikt sieht uns mit ernstem, aber freundlichem Blick an, in der Hand die Regel, die er für seine Klöster entworfen hat. Sie wurde ein Grundstein für die Entwicklung des abendländischen Mönchtums und nicht zuletzt der Kultur Europas. Nach ihr leben bis heute Zigtausende von Mönchen, Nonnen und Schwestern rund um den Globus.

Sobald wir die kleine Kirche wieder verlassen und Richtung Tiberufer schlendern, können wir einen schönen Blick über den Fluss genießen und sehen rechter Hand den Hügel Aventin. Hier steht seit mehr als hundert Jahren die internationale Hochschule der benediktinischen Konföderation, Sant'Anselmo, in der heute junge Ordensleute aus allen Kontinenten studieren.

Das entspricht der Vision Benedikts, die schon vor eineinhalb Jahrtausenden weltumspannenden Charakter hatte: Papst Gregor der Große schilderte bereits im 6. Jahrhundert den Weg des Heiligen als mystischen Aufstieg zu Gott und beschrieb anschaulich, wie Benedikt eines Nachts von seinem Fenster aus ein strahlendes Licht sah, das sich über die Welt ergoss. Seine Seele, heißt es, wurde in diesem Augenblick „weit“, und er ahnte, dass die ganze „Welt eine Einheit“ bildet.

Heute sprechen wir von „Globalisierung“, müssen aber in jüngster Zeit immer öfter eingestehen, dass sich diese Globalisierung in einer tiefen Krise befindet. Profitsucht und Machthunger drohen die Welt zu spalten, statt ihre Einheit zu fördern. Für Benedikt war der Anfangs- und Zielpunkt eines erfüllten Lebens die Suche nach Gott. Er erkannte: Ein Leben aus der Einheit mit Gott fördert automatisch einen positiven Umgang mit anderen Menschen und der Umwelt.

Das „weite Herz“, das Benedikt anstrebte, bleibt bis heute eine Vision voller Hoffnung für jeden Einzelnen und für die Welt. Die winzige Kirche San Benedetto in Piscinula atmet etwas von dieser Hoffnung und von der Suche nach dem Wesentlichen im Leben, die in Rom beginnen kann.

***

Jedes (Benediktiner-)Kloster ist als eine Art Gegenwelt gedacht, als Gegengewicht zu dem, was sich an Verrohung und Lieblosigkeit innerhalb der Zivilisation einer Epoche ausgebreitet hat. Um der Liebe und der Wahrheit willen lösten Benedikt von Nursia und viele, die nach ihm kamen, sich aus den Zwängen ihrer Zeit, aus den herrschenden Verhältnissen, dem Mainstream-Denken. Und bis heute sind wir Mönche wohl Aussteiger, Pilger, die alles zurücklassen, was einmal zu ihrem Leben gehörte, Pilger, die täglich neu aufbrechen, um etwas Größeres zu finden. Ich habe mein ganzes Leben als Pilgerweg empfunden. Aber ist nicht jedes Menschenleben eine Pilgerreise? – Seien Sie willkommen im Kreis der Pilger!

Notker Wolf

Aufbrechen:
festgefahrene Gleise verlassen,
Trägheit überwinden,
Angst vergessen,
den ersten Schritt wagen.

Den Blick heben:
Ausschau halten
nach dem Wesentlichen,
nach jenem Ziel,
das meinem Leben Sinn gibt.

Ein Schritt steht am Anfang:
Ich wünsche mir die Gnade,
ihn zu erkennen,
und den Mut, ihn zu gehen.

Corinna Mühlstedt

b Mit Luther nach Rom
Das Kreuz in Santa Maria del Popolo

Viele Wege führen nach Rom, sagt man, und das stimmt. Ein ganzes Netz von Straßen und Wegen verbindet seit dem Mittelalter auch den deutschsprachigen Raum mit der Ewigen Stadt. Die bekannteste Pilgerroute ist die „Via Franchigena", die „Straße der Franken". Auf ihr wanderten – rund 1000 Jahre nach dem Aufenthalt Benedikts in Rom – zwei deutsche Augustiner-Mönche aus Sachsen an den Tiber: Einer von ihnen war der Bibelwissenschaftler und spätere Reformator Martin Luther.

Neuere Forschungen vermuten den Beginn der Reise im Jahr 1511: In den Klöstern der deutschen Augustiner gärt es zu diesem Zeitpunkt. Man möchte Reformen verwirklichen, Missstände beseitigen und die Spiritualität fördern. Doch die Umsetzung der Pläne droht den Orden innerhalb Deutschlands zu spalten. Martin Luther, zu dieser Zeit Provinzialvikar der Augustiner, und ein Mitbruder sollen im Auftrag ihres Oberen, Johann von Staupitz, in der römischen Ordenszentrale Rat einholen.

Die monatelange Reise der beiden Augustiner verläuft gut. Sie werden nicht wie viele andere Pilger Opfer von Wegelagerern, Seuchen oder Unwettern, sondern erreichen die Ewige Stadt unversehrt. Luther notiert begeistert: „Als ich Rom zum ersten Mal sah, warf ich mich zu Boden und rief: Salve sancta Roma – Sei gegrüßt, heiliges Rom!"

Vermutlich betraten die beiden Mönche die Stadt von Norden her durch die „Porta Flaminia", ein antikes Tor in der römischen Stadtmauer, die einst Kaiser Aurelian anlegen ließ. Zur Zeit Luthers herrschte hier reger Betrieb: Händler, Gastwirte

Die Porta del Popolo und die Kirche Santa Maria del Popolo im 18. Jahrhundert

und Fremdenführer boten ankommenden Reisenden eifrig ihre Dienste an.

Auch heute ist die Porta Flaminia, die inzwischen „Porta del Popolo“ heißt, ein lauter Verkehrsknotenpunkt, an dem Autobusse, Marktstände und unzählige Passanten für Trubel sorgen. Wir atmen auf, als wir direkt hinter dem Stadttor die Kirche „Santa Maria del Popolo“ und den gleichnamigen Augustinerkonvent erreichen: Ruhepole im geschäftigen Treiben!

Marin Luther empfand es sicher einst ähnlich. Die Kirche und das Kloster standen hier bereits im 16. Jahrhundert. Der Konvent gehörte wie Luthers Heimatkloster in Sachsen zur „Lombardischen Kongregation“ der Augustiner. Wir dürfen deshalb annehmen, dass die beiden Mönche aus deutschen Landen während ihres Aufenthaltes in Rom hier übernachteten.

Laut historischen Quellen war das Kloster damals reich. Den Augustinern gehörte ein ganzer Hügel, der sich hinter der Kirche erhebt, der Pincio, mit Wald, Landwirtschaft, Viehzucht und Ställen.

Zudem leiteten die Mönche ein großes Krankenhaus und ein Pilgerhospiz. „Die Päpste dachten damals vor allem an Politik, Schlachten und Kreuzzüge", versichert uns stirnrunzelnd ein italienischer Mönch, den wir vor der Kirche treffen, „das religiöse und soziale Leben in Rom wurde nur von den Klöstern aufrechterhalten."

Entsprechend ambivalent waren wohl die Eindrücke, die Martin Luther in Rom gewann und mit nach Deutschland brachte. Die mittelalterliche Stadt war im Wandel. Viele Monumente waren baufällig. Renovierungen kamen aus Geldmangel nur langsam voran. Auch Santa Maria del Popolo war im Umbau und längst noch nicht die schmucke, kleine Renaissance-Basilika, die wir heute sehen.

Den Spuren Luthers folgend, betreten wir den kühlen, dunklen Kirchenraum. Im linken Seitenschiff kommen wir zur „Capella del Crocifisso": Ihr Mittelpunkt ist ein großes, gotisches Kruzifix, das von einem unbekannten italienischen Künstler geschnitzt und der Kirche im 15. Jahrhundert von der römischen Familie Cibo gestiftet wurde. Hier, so wird überliefert, soll Luther gerne die Messe gefeiert haben, während italienische Priester warteten und kritisierten, dass er „zu langsam" zelebriere.

Der „Gekreuzigte" in der Capella del Crocifisso von Santa Maria del Popolo

Der Reformator weist in seinen römischen Aufzeichnungen öfter auf Mentalitätsunterschiede und Sprachprobleme hin, die die Kommunikation erschweren. Er erwähnt auch manche Fehlentwicklungen, die ihm in Rom auffallen, doch aufs Ganze gesehen wertet er seinen Besuch 1511/12 keineswegs negativ. Das verwundert nicht, denn Kirchenhistoriker haben inzwischen gezeigt, dass Luther in Italien auch Gleichgesinnte fand, die Reformen und eine Neuorientierung im Glauben anstrebten.

Etliche Augustiner, so etwa der damalige Ordensgeneral Egidio da Viterbo, waren zur Zeit Luthers bemüht, die Bibel neu zu entdecken: „Man suchte nach einer Theologie des Herzens, nach Innerlichkeit und Mystik, nach einem Zugang zum Glauben, der nicht äußerlichen Momenten der Kontrolle unterliegt“, erklärt uns der römische Kirchenhistoriker Vittorino Grossi: „Nur Glauben, nur die Bibel, nur Vertrauen, lautete die Devise!“

Doch die Stimmen, die damals sanft, aber entschieden Reformen forderten, setzten sich in Rom nicht durch. Auch Luthers ab 1517 in Wittenberg geäußerte Kritik an kirchlichen Missständen stieß im Vatikan zunächst auf taube Ohren. Die unselige Vermischung der innerkirchlichen Probleme mit Machtfragen und politischen Interessen löste wenig später nördlich der Alpen die Reformation aus und provozierte die Kirchenspaltung.

Als Luther im Zuge dieser Entwicklung vom Kirchenbann getroffen und exkommuniziert wurde, verdunkelte sich rückblickend sein Rombild. In seinen Tischreden urteilte er etwa 1532 tief verletzt: „Die heilige Stadt ist zur Hure geworden! – Gibt es eine Hölle, so steht Rom darauf.“

Das Bemühen, den Bruch zu heilen, dauert heute, mehr als 500 Jahre nach dem Beginn der Reformation, noch an. Immerhin haben zum Reformationsgedenken 2017 Papst Franziskus und führende Vertreter des Lutherischen Weltbundes einen entscheidenden Schritt gewagt: Sie haben offiziell Fehler eingestanden, die einst auf allen Seiten gemacht wurden, und einander während einer Zeremonie im schwedischen Lund feierlich die Hand zur Versöhnung gereicht. Ein wichtiger Schritt auf dem Pilgerweg zu wahrer Einheit.

Vor dem schlichten Kruzifix in Santa Maria del Popolo ahnen wir, dass im 16. Jahrhundert manches auch anders hätte verlaufen können. Vielleicht dann, wenn man einander mit mehr Verständnis begegnet wäre und die Botschaft Jesu, die Liebe und Einheit fordert, gegenüber weltlichen Interessen stärker im Blick behalten hätte.

***

Für alle Pilger möge [das Heilige Jahr 2025] ein Moment der lebendigen und persönlichen Begegnung mit unserem Herrn Jesus Christus sein, der „Tür" zum Heil (Joh 10,7.9); eine Begegnung mit ihm, den die Kirche immer und allen als „Hoffnung" verkündet … [Dieses Jahr] ist auch eine Einladung an alle Kirchen, auf dem Weg zur sichtbaren Einheit weiterzugehen und nicht müde zu werden, nach angemessenen Formen zu suchen, um dem Gebet Jesu vollumfänglich zu entsprechen: Alle sollen eins sein! (Joh 17,21).

Papst Franziskus, Bulle „Spes non confundit"[1]

Wer über Gott reden will, der muss zuvor ein anderer Mensch werden. Ein anderer Sinn und Verstand muss da sein. Alles muss neu werden. … Er muss bekennen: All mein Vermögen und mein Wissen ist nichts, ich befehle mich in deine göttliche Gnade!

Martin Luther, Predigten

II INNEHALTEN – KRISEN AKZEPTIEREN

a Das Vorbild des Paulus

Caravaggio in Santa Maria del Popolo

Es gibt viele Gründe, zum Pilger zu werden. Manch einer bricht auf, um in seinem Leben Freiraum für etwas Neues zu schaffen. Andere motiviert eine namenlose Sehnsucht, der Wunsch, etwas von dem zu erfahren, was Menschen zu allen Zeiten mit dem Göttlichen verbunden haben. Wieder andere werden eher unfreiwillig zu Pilgern, die alles hinter sich zurücklassen, um sich auf ein neues Lebensziel auszurichten. Zu den Letzteren könnte man den Apostel Paulus zählen.

Bleiben wir auf den Spuren des Völkerapostels noch einen Moment in der für römische Verhältnisse bescheidenen Basilika „Santa Maria del Popolo“: Den Hauptaltar schmückt ein Marienbild, das als wundertätig gilt. Zu seiner Linken kann man in der Kapelle der Familie Cerasi zwei Meisterwerke des bekannten Malers Michelangelo Merisi da Caravaggio entdecken, die etwa im Jahr 1600 entstanden sind.

Santa Maria del Popolo, Caravaggio, „Die Bekehrung des Apostels Paulus"

Eines der Bilder schildert die „Kreuzigung des Apostels Petrus“, das andere zeigt die „Bekehrung des Apostels Paulus“. Vor allem Letzteres bietet reichlich Stoff, innezuhalten und zu meditieren: Wir sehen einen Mann, Paulus, der mit geschlossenen Augen unter seinem Pferd auf dem Rücken liegt und beide Arme nach oben streckt, als bete er oder rufe er um Hilfe. Ein strahlendes Licht fällt auf ihn. Die Szene zeigt ein Ereignis, das in der Bibel, genauer in der Apostelgeschichte, geschildert wird (Apg 9,1ff). Paulus, so liest man dort, der ursprünglich Saulus heißt und von seinem Vater, einem Pharisäer, das römische Bürgerrecht geerbt hat, verfolgt die ersten Christen unerbittlich. Doch als er eines Tages durch die syrische Wüste nach Damaskus reitet, um erneut einige Christen gefangen zu nehmen, kommt es zu einem spektakulären Zwischenfall.

Saulus wird von einem Licht geblendet, stürzt vom Pferd und hört eine Stimme, die ihn fragt: „Warum verfolgst du mich?“ Er spürt, dass der Fragende Jesus ist. Drei Tage lang bleibt Saulus blind. Seine Begleiter bringen ihn schließlich nach Damaskus. Dort, so heißt es, wird er „vom Heiligen Geist erfüllt“, und es fällt ihm „wie Schuppen von seinen Augen“. Paulus sieht wieder, und nicht nur das: Der ehemalige Christenhasser ist wie verwandelt und wird zu einem leidenschaftlichen Verteidiger des Christentums, der sein Leben von nun an bedingungslos für Jesus und dessen Lehre einsetzt.

Sein Eifer führt Paulus fortan in viele Länder rund um das Mittelmeer. Er trägt die christliche Botschaft von der Liebe Gottes zu allen Menschen in etliche Kulturen. Allerdings stößt er dabei oft auf massiven Widerstand. Immer wieder wird er gefangen genommen und sogar schwer misshandelt. Schließlich wird Paulus in Rom –

vermutlich im Anschluss an den großen Brand unter Kaiser Nero im Jahr 64 – hingerichtet. Doch dazu später mehr.

Die Kraft, seinem Weg bis zuletzt treu zu bleiben, verdankte der Völkerapostel offenbar dem Berufungserlebnis in der Wüste vor Damaskus. Schauen wir uns das Bild von Caravaggio vor diesem Hintergrund noch etwas genauer an: Der Maler zeigt Paulus in einer Haltung, die seine ganze Hilflosigkeit zum Ausdruck bringt. Und doch signalisieren die Arme, die sich tastend nach oben richten, auch eine gewisse Hoffnung. Man könnte sagen, sie formulieren eine Frage und empfangen zugleich eine Antwort.

Das Licht, das Paulus dabei trifft, verwendet Caravaggio als Symbol: Die ganze Szene ist gleichsam in diesem übernatürlichen Licht geborgen und hebt sich damit deutlich ab von der Dunkelheit der Welt um Paulus herum. Auf diese Weise macht Caravaggio den Betrachter des Bildes zum Zeugen einer „Erleuchtung", ja einer tiefen spirituellen Erfahrung.

Interessanterweise hängt diese „Bekehrung des Paulus" in Santa Maria del Popolo nur wenige Meter von der Kapelle des Gekreuzigten entfernt, in der Martin Luther bei seinem Besuch in Rom 1511/12 Gottesdienst gefeiert haben soll. Als Luther sich Jahre später von Selbstzweifeln und Höllenängsten überwältigt fühlte, fand er 1517 bei der Lektüre des von Paulus verfassten Römerbriefs zu neuem Gottvertrauen: „Es ist eine Kraft Gottes, die jeden rettet, der glaub", las er dort (Röm 1,16f) und spürte dabei nach eigenen Angaben die Gnade eines befreienden Zuspruchs: „Da hatte ich das Gefühl, ich sei geradezu von neuem geboren und durch geöffnete Tore in das Paradies selbst eingetreten."

Ob Caravaggio in Rom Kontakt zu reformatorisch geprägten Kreisen hatte, wie es von seinem berühmten Kollegen Michelangelo Buonarroti berichtet wird, ist nicht bekannt. Wir wissen auch nicht, ob der ebenso aufbrausende wie hochsensible Caravaggio selbst mystische Erlebnisse hatte. Es wäre immerhin möglich.

Fest steht: Der Maler stellt in Santa Maria del Popolo eindrücklich eine Erfahrung des Apostels Paulus dar, die in vergleichbarer Weise Mystiker aller Epochen gemacht haben. Paulus wird unvermittelt vom Ruf Jesu getroffen, sein altes Weltbild verliert dabei seine Gültigkeit und sein Lebensweg erhält eine völlig neue Ausrichtung.

Je länger man vor dem Bild Caravaggios steht, desto plastischer sieht man nicht nur das historische Ereignis vor sich. Das Bild fordert den Betrachter geradezu auf, im eigenen Leben nach ähnlichen Erlebnissen zu suchen: nach Momenten, in denen plötzlich ein Lichtstrahl in die Dunkelheit des Herzens gefallen ist oder eine innere Stimme uns die Richtung gewiesen hat.

***

Auf jedem Pilgerweg brechen Fragen auf: Mein Gott, wer bin ich eigentlich? Ich hatte ein so tolles Bild von mir. Und jetzt spüre ich plötzlich meine Arroganz anderen gegenüber. Ich spüre Gefühle, die ich bisher nicht wahrhaben wollte: Ehrgeiz, Wut, auch Neid gegenüber anderen, die es anscheinend besser haben, die mehr leisten. Die Träume der Jugend sind dann oft der harten Realität gewichen, und ich frage mich: Wer bin ich? Manchmal möchte ich vor mir selber fliehen. Ich spüre einen Überdruss am Leben, den ich früher nie gekannt habe. Die Einsamkeit wird zur Last. Jeder Schritt wird zur Last. Ich muss lernen, mich selbst auszuhalten. Und ich darf zugleich hoffen, dass ich auf meinem Pilgerweg jemandem begegne, der mich aus der Gefangenschaft meines Ichs herausholt und mich wieder neu öffnet für das Leben – immer wieder neu.

Notker Wolf

Sich führen lassen,
hoffend,
dass Umwege und Irrwege,
Steine und Dornen
nicht das letzte Wort sind,
wissend,
dass der Weg weitergeht
und ich irgendwann
mit der Antwort eins werde,
die ich heute noch suche.

Corinna Mühlstedt

b Wohin soll ich gehen? – Die Frage des Petrus

Via Appia Antica und Domine Quo Vadis

Manch ein Pilger wird nach seiner Ankunft in Rom Probleme mit den Schattenseiten der Ewigen Stadt haben: mit Schmutz und Lärm, Verkehr und Menschenmassen. Wem es so ergeht, der muss nicht wie der heilige Benedikt in eine einsame Höhle in den Sabiner Bergen fliehen, und er muss ebenso wenig wie Martin Luther versuchen, die Kirche zu reformieren. Er kann vielmehr am Rand der Stadt Rom idyllische Landschaften entdecken, die Atempausen und Besinnung schenken.

Verlassen wir heute also die römische Innenstadt und wandern durch die „Porta San Sebastiano" Richtung Süden: Hier beginnt die berühmte „Via Appia Antica". Sie ist eine der Ausfallstraßen, die Rom schon in der Antike sternförmig mit der Welt verbanden. Der größte Teil der Appia ist heute für den Autoverkehr gesperrt, und man kann über weite Strecken in Ruhe die mächtigen dunklen Basaltsteine bewundern, die seit Jahrtausenden die Straße pflastern.

> ***TIPP***
> Man kommt nicht nur mit Touristenbussen zur Via Appia Antica, sondern auch mit normalen Bussen des römischen Verkehrsunternehmens ATAC: Derzeit startet die Nr 118 von der Piazza Venezia und die Nr 218 von der Piazza San Giovanni.

Zu beiden Seiten stehen Pinien und Zypressen, dazwischen sieht man die malerischen Ruinen antiker Villen, Tempel und Grabbauten. Nicht zuletzt ist es möglich, riesige unterirdische Begräbnisareale zu besuchen, die Katakomben. Sie entstanden in

Die Via Appia Antica mit ihren Jahrtausende alten Basaltsteinen

den ersten Jahrhunderten nach Christus und enthalten unzählige frühchristliche Gräber und Bildsymbole.

Die Gegend hat inzwischen den Status eines Naturparks und ist somit vor dem Zugriff von Baukonzernen geschützt. Für das römische Volk ist der „Parco Archeologico" der Via Appia Antica eine willkommene Oase, um Luft zu holen. Am Wochenende sieht man hier viele Familien mit Kindern, es gibt Radwege, Cafés und Restaurants.

Einst gehörte die Appia Antica zum Stolz des römischen Imperiums: Sie trug den Beinamen „Regina Viarum" – „Königin aller Straßen" – und führte nach Süditalien, zum Hafen von Brindisi, dem damaligen Tor zum Orient. Von dort aus gelangten wertvolle Handelswaren aus dem östlichen Mittelmeerraum nach Rom: Seide, Metallarbeiten und Gewürze. Römische Feldherren kehrten nach gewonnener Schlacht in pompösen Triumphzügen auf der Appia zurück in die Heimat. Man zeigte erbeutete Schätze, starke

Fresko des Apostels Petrus in dem Kirchlein „Domine quo vadis?“ an der Via Appia Antica

Sklaven und schöne Sklavinnen. Die überlebenden Soldaten wurden für ihren Einsatz und ihre Schmerzen mit Jubel belohnt. Ein mächtiger Staat setzte sich in Szene.

Die Angst vor dieser Staatsmacht veranlasste einst den Apostel Petrus, auf der Via Appia Antica aus Rom zu fliehen. So jedenfalls will es eine alte Legende. Auf ihren Spuren lassen auch wir – wie einst Petrus – die Porta San Sebastiano hinter uns und wandern die Via Appia entlang. Nach einigen Hundert Metern sehen wir am linken Straßenrand ein helles Kirchlein. Über dem Eingang steht in Latein die Frage: „Domine quo vadis?“ – „Herr, wohin gehst Du?“

Kaum haben wir die kleine Kirche betreten, „begegnen“ wir Petrus: Auf einem lebensgroßen Fresko an der linken Seitenwand schreitet er über die Basaltsteine der antiken Straße und scheint direkt auf uns zuzukommen. Ihm gegenüber sieht man ein ebenso großes Bildnis Jesu. Ein Faltblatt, das in der Kirche an einem Schriftenstand ausliegt, erklärt die Szene genauer:

Im Anschluss an den verheerenden Brand, der Rom im Jahr 64 verwüstete, flüchtete Petrus aus der Stadt. Denn Kaiser Nero bezichtigte die Christen der Brandstiftung. Der zeitgenössische Historiker Tacitus überliefert, dass Tausende von ihnen auf Befehl des Kaisers brutal hingerichtet wurden. Doch kaum hatte Petrus das Stadttor hinter sich gelassen, kam ihm auf der Via Appia Jesus entgegen. Verblüfft stellte Petrus ihm die Frage, die zum Namen des Kirchleins wurde: „Domine, quo vadis?“ – „Herr, wohin gehst Du?“ Jesus habe geantwortet, so lesen wir, dass er nach Rom gehe, um dort mit den verfolgten Christen zu sterben. Daraufhin erkannte Petrus offenbar, dass er die römische Gemeinde nicht im Stich lassen durfte, kehrte um und starb an deren Seite.

Die legendären „Fußspuren Jesu“ in der Kirche Domine quo vadis

Der polnische Schriftsteller Henryk Sienkiewicz, dessen Büste in der Kirche neben dem Bild des Apostels zu sehen ist, hat die alte Legende 1895 in dem Roman „Quo vadis?“ in ein spannendes Abenteuer verwandelt. 1905 erhielt er dafür den Literaturnobelpreis. Der gleichnamige Hollywood-Film ging ab 1951 um die Welt.

Am Boden des kleinen Kirchleins sehen wir nur wenige Schritte hinter der Eingangstür eine weiße Tafel mit lebensgroßen Fußabdrücken. Wir beobachten, wie Pilger neben ihr Blumen und Kerzen abstellen. Es sollen die Fußspuren sein, die Jesus an diesem Ort hinterließ, genauer gesagt, eine Kopie dieser Fußspuren. Eine Inschrift verrät, dass sich das antike Original im nahegelegenen Museum der Katakombe San Sebastiano befindet, wo eine Fülle von alten Reliquien und Symbolen aufbewahrt wird.

Die Frage nach der Echtheit der Fußspuren scheint die Pilger in dem Kirchlein Domine Quo Vadis aber nicht weiter zu interessieren. Manche knien vor der Platte nieder, andere murmeln andächtig Gebete, einen Rosenkranz in der Hand. Uns wird einmal mehr deutlich, dass es hier, wie so oft in Rom, nicht um historische Erkenntnisse geht. Viel wichtiger sind die religiösen Botschaften, die seit Jahrtausenden mit Hilfe von Erzählungen oder Symbolen vermittelt werden:

Petrus, so könnte man sagen, war kein Supermann, sondern ein Mensch wie du und ich, ein Christ, der vor einem mächtigen Diktator floh, weil er nur eines wollte: leben! Was ihn aber von vielen anderen unterschied, war die Bereitschaft, in sich zu gehen, nach dem Auftrag Jesu zu fragen und letztlich umzukehren. Das kleine Kirchlein an der Via Appia steht für eine Frage, die wohl jedes Leben irgendwann aufwirft: „Herr, wohin gehst Du?“, oder anders gesagt: „Wohin soll ich gehen?“

***

Beten verankert mich immer wieder in Gott, der mir immer näher kommt … Das Kreuz gehört zu meinem Leben – meine früheren Krankheiten, meine menschlichen Schwächen, meine Zweifel … Mein Trost sind der schwache Petrus, die im Garten Gethsemane davongelaufenen Jünger und der Christenverfolger Paulus. Sie alle haben ihre Stunde der Gnade bekommen. Ich kehre immer wieder zu Jesus zurück, denn ich habe ihn in meinem Leben erfahren wie die Jünger … Nicht in einem Selbstfindungsseminar habe ich entdeckt, wer ich bin, sondern im Ja zu den Herausforderungen, die immer neu auf mich zukamen. … Es ist vor allem Jesus Christus, der mein Leben führt, mich herausfordert und den Weg mit mir geht.

Notker Wolf

Mich leiten lassen:
die innere Stimme hören,
die den Weg schon kennt,
bevor ich ihn gehe;
der Ahnung vertrauen,
die stärker ist
als alle Zweifel;
dem Licht folgen,
ehe mein Auge es sieht.

Corinna Mühlstedt

Römische Straße im Ausgrabungsgelände von Ostia Antica, dem ehemaligen Hafen Roms

III HOFFNUNGSZEICHEN

a Eine Vision weist den Weg
Ostia Antica

Eine weitere Oase vor den Toren Roms ist „Ostia Antica“, das archäologische Ausgrabungsgelände rund um die ehemals bedeutende Hafenstadt Ostia. Hier mündet der Tiber ins Meer. Schon in vorchristlicher Zeit starteten von hier aus Kriegs- und Handelsschiffe nach Afrika und in den Orient. Doch im Mittelalter versandete der Hafen, im Hinterland entstanden Sümpfe, Ungeziefer und Krankheiten, wie zum Beispiel Malaria, breiteten sich aus. Schließlich wurde die Hafenstadt verlassen und ihre Bauten zerfielen.

Im 20. Jahrhundert haben archäologische Grabungen die antiken Gebäude mit ihren zum Teil beachtlichen Kunstwerken wieder freigelegt. Heute kann man die gepflegten Ausgrabungen besuchen. Vom Eingangstor aus wandern wir auf einer breiten Straße mit großen Basaltsteinen unter Pinien ins Zentrum der antiken Metropole. Wer zum ersten Mal hierherkommt, staunt über ihre Größe. Ostia war reich und ein Handelszentrum, in dem sich die Wege von Reisenden aus aller Welt kreuzten.

In einem kleinen, schön renovierten Amphitheater kann man heute in warmen Sommernächten wieder Konzerte besuchen. Um das Theater herum sieht man die Ruinen alter Badeanlagen und Tempel, Schulen und Geschäfte. Böden mit kunstvollen Mosaiken sind ebenso erhalten wie einige Wände mit bunten Fresken. Auf Marmortheken wurden einst Fische und Gemüse, orientalische Gewürze und edle Stoffe angeboten. Alles, was die Länder rund ums Mittelmeer zu bieten hatten, war hier zu finden.

Am südöstlichen Rand des antiken Ostia haben Archäologen erst vor Kurzem zwischen Feldern eine kleine Sensation entdeckt: die Fundamente einer christlichen Kathedrale, die gemäß historischen Quellen Kaiser Konstantin erbauen ließ. Sie ist den Aposteln Petrus und Paulus sowie Johannes dem Täufer geweiht. Im Mittelalter wurde sie aber fast gänzlich abgetragen, da man die Steine – wie in Rom üblich – für andere Bauten brauchte. Der Rest verschwand unter landwirtschaftlichen Einrichtungen.

2023 machte sich ein Team des Deutschen Archäologischen Instituts zusammen mit italienischen Wissenschaftlern erstmals daran, die Grundmauern der Kirche freizulegen und genauer zu untersuchen. Außer den Umrissen ist aber derzeit nicht viel zu sehen, die Arbeiten werden fortgesetzt.

Immerhin ist die Existenz dieser Kathedrale für uns ein Grund, in Gedanken zurückzuschweifen in das 4. Jahrhundert, jene Zeit, in der sie entstand. Ostia wurde damals ein eigener Bischofssitz. Es wird berichtet, dass der spätere Kirchenvater und Bischof von Hippo, Augustinus, auf einer Reise nach Nordafrika zusammen mit seiner Mutter Monika in Ostia Station machte. Monika erkrankte in dieser Zeit allerdings lebensgefährlich und starb hier im Jahr 387.

Die sog. „Basilica Cristiana“ von Ostia Antica, auf dem Querbalken eingemeißelt die griechischen Buchstaben X und P

In seinen „Bekenntnissen“, den „Confessiones“, berichtet Augustinus Jahre später von einem faszinierenden Gespräch, das er mit seiner Mutter noch in Ostia geführt hatte. Es gestattete ihnen, versichert rückblickend der Mystiker Augustinus, „die Wahrheit selbst“, ja, die „Quelle“, aus der alles Sein entspringt, zu „berühren“. Das Erlebte habe er als „Aufstieg“ empfunden, als kraftvolle Vision, angesichts derer jeder Mensch nur schweigen könne.

Von den Grabungen an der Kathedrale wandern wir zurück ins Zentrum der antiken Stadt. Hier fand man die Spuren vieler spätantiker Tempel und Kulträume, Hinweise auf christliche Gebäude sind aber äußerst selten. Eine der wenigen Ausnahmen ist eine Anlage südlich des Forums. Hier öffnet sich hinter einem bemalten Mithräum ein Gebäudekomplex, den eine Tafel als „Basilica Cristiana“ – „Christliche Basilika“ – ausweist. Das Bauwerk stammt aus dem ausgehenden 4. Jahrhundert, entstand wohl erst nach der Konstantinischen Kathedrale und ist besser erhalten als diese.

TIPP
Nach Ostia Anica fährt eine Metro ab Piramide/Porta San Paolo – Eintrittskarten gibt es vor Ort

Wir können zwei Kirchenschiffe sehen, die durch eine Säulenreihe getrennt sind und auf eine Art Apsis mit mehreren Nischen zulaufen. Das Gelände ist nicht überdacht. Es wird von Blumen, Sträuchern und Pinien romantisch eingerahmt und lädt Besucher geradezu ein, sich auf einen der alten Marmorblöcke am Boden zu setzen und zu meditieren.

Der interessanteste Punkt, der diese Anlage als christlich ausweist, ist ein Querbalken aus Marmor im linken Kirchenschiff. Er liegt über zwei Säulen, und wir erkennen auf ihm ein Christogramm: Die beiden Anfangsbuchstaben des griechischen Namens für Christus „XPISTOC", nämlich „X" (= CH) und „P" (= R), werden dabei ineinander gezogen und bilden eine Art Rad.

Ab dem 4. Jahrhundert war das Christogramm ein weit verbreitetes christliches Symbol. Man sieht es auf Fresken, Mosaiken und Sarkophagen, oftmals eingerahmt von einem runden Kranz aus Blättern. Er symbolisiert von Fall zu Fall einen Siegeskranz, den Jahreskreislauf oder den Kosmos und kann nicht zuletzt auf das von Christen erhoffte Paradies verweisen.

Das Christogramm auf dem Marmorbalken in Ostia ist nicht groß, aber klar zu erkennen und tief in den Stein eingeritzt. Es wird von einer Inschrift ergänzt, die von den Paradiesflüssen und ihrer Quelle spricht.

Ob die Anlage wirklich eine öffentliche Kirche war, ist in der Forschung nicht eindeutig geklärt. Manche Archäologen tippen eher auf einen privaten Gebetsraum oder auf eine christliche Schule. Wie dem auch sei: Das Zeichen ist eines von ganz wenigen christlichen Symbolen, die im antiken Ostia erhalten sind, und lässt ahnen, wie bescheiden und bedroht der christliche Glaube damals seinen Weg begonnen hat. Aus gutem Grund spricht man bis zur Zeit Konstantins von einer Märtyrerkirche, die auf jede Gewalt zur Durchsetzung ihrer Interessen verzichtete und doch die Welt eroberte.

***

Als aber der Tag schon nah war, an dem sie [Monika] aus diesem Leben scheiden sollte, [geschah es,] dass ich mit ihr allein angelehnt an einem Fenster stand. Es war bei Ostia am Tiber. Mit dem Mund des Herzens trachteten wir nach dem Strom aus der Lebensquelle, die bei DIR ist. Und wir sagten: Wenn einmal die Seele in sich schweigt, die Träume, jede Sprache, jedes Zeichen und alles; wenn alle Wesen stille werden, weil sie ihr Ohr an jenen richten, der sie geschaffen hat, und wenn ER dann nur noch alleine spricht, durch sich selbst, [er,] den wir in allen Wesen lieben, die ewige Wahrheit, ob das dann nicht das Eingehen in die Freude des Herren ist? Und wann wird das sein? Etwa dann, wenn wir alle auferstehen?

Augustinus, Confessiones/Bekenntnisse, Buch 9 (stark gekürzt)

Lärm beengt, Schweigen befreit.
Je stiller es in dir wird,
desto näher kommst du dem Geheimnis.
Wo die Sprache verstummt,
beginnt das Hören
auf jenes Wort,
das aus der Ewigkeit heraus gesprochen wird.

Corinna Mühlstedt

b Das Kreuz als Herausforderung
Rund um den Palatin

Wer in Rom stille Moment in der Natur sucht, kann sie bis zu einem gewissen Grad auch innerhalb der Stadt finden: so etwa in einer der großen Parkanlagen wie der Villa Borghese, der Villa Doria Pamphili oder in den Gärten des Palatins. Der berühmte Hügel liegt hoch über dem quirligen Forum Romanum, in dem das römische Volk einst zahllosen Göttern huldigte.

Auf dem Palatin lebten die römischen Kaiser. Hier hatten sie von ihren Palästen aus einen herrlichen Blick über die Stadt und konnten das Leben, umgeben von gepflegten Gartenanlagen, auf ihre Weise genießen. Einige kaiserliche Wohnräume wurden inzwischen restauriert und geben einen kleinen Eindruck von der

Notker Wolf auf dem Weg den Palatin hinauf, im Hintergrund das Forum Romanum

einstigen Pracht. Man bedenke: Sie gehörten Herrschern, die sich selbst zu Göttern machten, um ihr Ansehen zu festigen, das im Volk zu schwinden drohte.

Die lästige Sekte der Christen aus dem fernen Judäa geriet dabei zwischen die Mühlsteine der Macht. Denn sie erkannte nur ihren eigenen Gott an und war notfalls sogar bereit, für diesen Glauben zu sterben. Zigtausende von Christen wurden im Römischen Reich während der ersten drei Jahrhunderte Opfer brutaler Verfolgungen. In Rom begegnet man ihren Spuren auf Schritt und Tritt.

TIPP
Es ist wichtig, für den Eintritt zum Forum und zum Palatin bereits vorab das richtige Ticket auszuwählen, sonst kann man nur das Gelände besichtigen, darf aber wichtige Museen oder restaurierte Räume nicht betreten. Tickets, die es erlauben alles zu sehen, was in diesem Artikel beschrieben ist, heißen derzeit „Super" oder „Full Experiance". Leider werden die Namen manchmal verändert. Am besten vergewissert man sich kurzfristig im Internet oder vor Ort.

In diese frühe Zeit fällt eine eigentümliche Ritzzeichnung, ein sogenanntes Graffito. Man kann es in einem kleinen Museum entdecken, das am Palatin Fundstücke aus den umliegenden Gebäuden ausstellt: das Alexamenos-Graffito. Die Kritzelei ist nicht ganz vierzig Zentimeter hoch und wurde an der Wand eines antiken Schulgebäudes gefunden: vermutlich eine Schülerzeichnung und zugleich die älteste erhaltene Kreuzigungsdarstellung, die man kennt.

Wir müssen im Museum danach fragen, dann erst entdecken wir das unscheinbare Graffito unter all den großen Kunstobjekten, die es umgeben. Sehen wir es uns etwas genauer an: Eine Gestalt mit Eselskopf hängt bzw. steht vor einem Kreuz und wird von einem jungen Mann, den man neben diesem Kreuz sieht, mit einer ausladenden Geste gegrüßt. Eine zwischen die Figuren geritzte Inschrift lautet sinngemäß: „Alexamenos huldigt seinem Gott."

Das sogenannte Alexamenos-Graffito auf dem Palatin

Ganz eindeutig handelt es sich um ein Spottkruzifix: Der Urheber der Kritzelei macht sich offenbar über einen Jungen namens Alexamenos lustig, der einen gekreuzigten Esel verehrt. Ein hartes Urteil, das unter Schülern nicht selten vorkommt und an so manche Karikaturen erinnert, die man aus atheistischen Pamphleten des 20. Jahrhunderts kennt.

Als bibelkundige Betrachter denken wir natürlich sofort an Sätze, in denen der Apostel Paulus von der „Torheit“ bzw. dem „Ärgernis“ des Kreuzes spricht. Im ersten Brief an die Korinther heißt es: „Denn das Wort des Kreuzes ist denen, die verloren gehen, Torheit, uns aber, die wir gerettet werden, ist es Kraft Gottes. Es heißt nämlich in der Schrift: ‚Ich lasse die Weisheit der Weisen vergehen …‘“ (1 Kor 1,18ff; vgl. Jes 29,14).

Wir wissen nicht, in welchem Zusammenhang das Graffito entstand. Wir wissen aber, dass man vor der Anerkennung des

Christentums durch Kaiser Konstantin Kreuzeszeichen eher selten und nur symbolhaft verwendet hat. Kreuzigungsszenen sind aus dieser Frühzeit gar nicht bekannt. Zu groß war offenbar die Scheu, eine solch grausame Form der Folter bildlich darzustellen, zu groß auch die Angst vor Verfolgung.

Erst ab dem 4. Jahrhundert wagt man, Licht- und Triumphkreuze abzubilden, die den Schrecken des Kreuzes mildern, weil ihre Schönheit zugleich einen Hinweis auf die Auferstehung Christi gibt, ja auf den Sieg des Lebens. Ab dem 5. Jahrhundert stellt man Jesus in der christlichen Kunst immer öfter als Gekreuzigten dar, zunächst nur im Westen, später auch im Osten des Römischen Reichs. Doch sein Leid, für das sein Blut oder die Dornenkrone steht, zeigt man erst ab dem Mittelalter. In der Anfangszeit erscheint Jesus am Kreuz gleichsam unversehrt, als Sieger über den Tod.

Ein eindrückliches Beispiel dafür finden wir, als wir vom Palatin ins Forum Romanum hinabsteigen. Dort wurde erst kürzlich die Kirche „Santa Maria Antiqua“ für die Besichtigung freigegeben. Sie stammt aus dem 6. Jahrhundert und war mehr als tausend Jahre lang verschüttet. Erst als man im Jahr 1900 die über ihr stehende Renaissance-Kirche („Santa Maria Liberatrice“) abtrug, entdeckte man die erstaunlich gut erhaltenen Schätze von Santa Maria Antiqua und begann sie zu restaurieren.

Zu ihnen gehören zahlreiche Fresken, die aus einer Zeit stammen, in der Rom von byzantinischen Kaisern regiert wurde. Ein Bild in der sogenannten Theodotos-Kapelle, die vermutlich aus dem 8. Jahrhundert stammt, zeigt eine interessante Kreuzigungsszene: Christus steht am Kreuz, bekleidet und ohne Wunden, mit ausgebreiteten Armen. Seine Augen sind offen und blicken den Betrachter an. Diese Art der Darstellung war im östlichen Mit-

Der „bekleidete Gekreuzigte“ in Santa Maria Antiqua am Rand des Forum Romanum

Apsismosaik aus der Kirche San Clemente, auf dem das Kreuz Jesu als Lebenbaum dargestellt wird.

telmeerraum sehr viel länger und weiter verbreitet als im Westen und wird heute sogar gelegentlich von Muslimen akzeptiert. Sie zeigt, dass die Nähe Jesu zu Gott sich letztlich darin erweist, dass er der Welt Leben bringt. Im Mittelalter wurde dieser Gedanke auf Ikonen, aber auch in den Mosaiken mancher Kirchen weitergesponnen. Der Gekreuzigte oder sein Kreuz werden dann als Lebensbaum dargestellt.

Ein wunderschönes Apsismosaik dieser Art aus dem 12. Jahrhundert können wir nur wenige Schritte vom Forum entfernt, hinter dem Kolosseum, in der Kirche San Clemente bewundern: Auch hier zeigt Jesus keine Leidensspuren. Seine Hände sind zum Gebet erhoben. Aus seinem Kreuz gehen Ranken mit Blüten und Blättern hervor, die zum Lebensraum für Tiere und Menschen werden.

Wir sehen die Stärke dieser Darstellungen nicht nur in ihrer Schönheit. Es geht vielmehr um eine Perspektive der Hoffnung, die das Zentrum der christlichen Botschaft bildet, aber in Westeuropa in vielen späteren Kreuzesdarstellungen zu kurz kommt. Es scheint uns wichtig, das Kreuz neu als Symbol der Hoffnung zu entdecken.

***

Gleichwie der Stamm des Weinstocks
in der Erde wurzelt
und zu seiner Zeit Frucht bringt
und das Weizenkorn in die Erde fällt,
sich auflöst und vervielfacht aufersteht,
durch den Geist Gottes, der alles umfasst …
so werden auch unsere Leiber
in der Erde geboren, in ihr aufgelöst,
und sie werden auferstehen zu ihrer Zeit,
da Gott ihnen Auferstehung gewährt,
in das Licht des Vaters hinein.

Irenäus von Lyon

Wer bin ich?
Staub – und doch ein Wesen,
das eine Ahnung
vom Unendlichen in sich trägt,
die Hoffnung,
dass die Vergänglichkeit
nicht alles ist,
sondern Übergang
in das Eine und Wahre.

Corinna Mühlstedt

c Eine neue Blickrichtung
Das Kreuz von San Marcello

Nicht weit vom Forum Romanum entfernt beginnt unterhalb des Kapitols, an der Piazza Venezia die Via del Corso, eine belebte Einkaufsstraße mit Bars und Modeboutiquen. Nach ein paar Hundert Metern trifft man dort rechter Hand auf die Kirche „San Marcello“. Die heutige Barockkirche steht auf den Resten einer frühchristlichen Kirche, die dem römischen Bischof Marcellus geweiht ist, einem Heiligen, der im Jahr 309 als Märtyrer starb.

Als wir vor der Kirche stehen, beobachten wir ein Geschehen, das in Rom keineswegs selten ist: Römer und Römerinnen mit Aktentaschen und Einkaufstüten unterbrechen ihren Weg bzw. ihre Alltagsgeschäfte und gehen für ein paar Minuten in die Kirche. Auch wir tun das und sehen, dass die meisten im rechten Seitenschiff eine Kapelle aufsuchen, in der ein schlichtes Kruzifix aus Holz hängt. Man bleibt für ein paar Minuten stehen, bekreuzigt sich, betet oder zündet eine Kerze an. Dann verlässt man die Kirche wieder und setzt seinen Weg fort. Religion gehört in Rom noch weithin zum Alltag.

Der Gekreuzigte, an den sich hier so viele wenden, zeigt zwar Leidensspuren, wird aber von Hoffnungszeichen wie goldenen Lichtstrahlen und Sternen eingerahmt. Das Kruzifix von San Marcello gilt in Rom als wundertätig, und das hat mehrere Gründe: Im Mai 1519 wurde die spätantike Kirche, die hier stand, bei einem Brand zerstört. Nur das hölzerne Kruzifix, das zu der Zeit über dem Hochaltar hing, blieb unversehrt. In Rom sprach man sofort beeindruckt von einem „Wunder“. Drei Jahre später wütete in der Stadt die Pest. Verzweifelt trug man schließlich das Kruzifix von San Marcello zwei Wochen lang durch verschiedene Stadtteile und betete um Hilfe. Als die Epidemie daraufhin wirklich endete, gab es für gläubige Römer keinen Zweifel mehr: Dieses Kreuz kann Wunder wirken. Seither ist es im Herzen des Volkes fest verankert.

Der Gekreuzigte von San Marcello

Aus moderner Sicht würden heute sicher die meisten zögern, in diesem Zusammenhang von Wundern zu sprechen. Aber kann man Ereignisse dieser Art wirklich auf das Wort „Zufall“ reduzieren? Wir meinen, das wäre zu einfach. Vielleicht sollte man sagen: Der Anblick des Kreuzes und das Vertrauen in den, den es bildlich vertritt, gab Menschen in der Not neue Kraft.

Solche Kraft des Glaubens liegt auf seelisch-geistiger Ebene. Sie stärkt die Resilienz, würden wir heute sagen, die Fähigkeit, mit Katastrophen souveräner, ruhiger und damit auch besser umzugehen. Der Einzelne weiß dann, dass er in seiner Not nicht allein ist, sondern Hilfe hat. Dieses Bewusstsein kann nicht zuletzt die physische Widerstandskraft fördern. „Dein Glaube hat dir geholfen“, mit diesem Satz kommentiert Jesus gemäß der Bibel mehrere Ereignisse, die die Umstehenden als Heilungswunder wahrnehmen.

Das Kruzifix von San Marcello bekam in Italien nach Ausbruch der Corona-Pandemie jedenfalls noch einmal neue Bedeutung. Im ganzen Land herrschte damals Panikstimmung aufgrund der vielen Todesfälle in Norditalien. Die ersten radikalen Ausgangssperren wurden verhängt. Viele Menschen fühlten sich unsicher, isoliert, verzweifelt.

Im Frühjahr 2020 versuchte Papst Franziskus, auf die seelische Not der Menschen zu antworten. Er ließ das Kruzifix von San Marcello und eine vom römischen Volk ebenfalls verehrte Marienikone aus der Basilika „Santa Maria Maggiore“, auf den Petersplatz bringen. Am Abend des 27. März folgte dann eine ebenso schlichte wie faszinierende Zeremonie, mit der Franziskus allen Segen und Mut zusprach. Auch die italienischen Medien reagierten beeindruckt. Die Bilder von dem Gebet, bei dem der Papst allein, nur von wenigen Helfern unterstützt, im Gewitterregen vor dem Kruzifix auf dem einsamen Platz steht, gingen um die Welt. Es war ein mystischer Moment – „ein Moment, in dem man die Gegenwart Gottes spürte", sagten uns anschließend viele Römer. Die Pandemie war damit nicht beendet, aber zahllose Menschen spürten neuen Lebensmut.

Die Aufforderung des Papstes an die Priester, Kranken trotz aller Gefahren beizustehen, wurde ebenfalls gehört und befolgt. Der Blick auf das Kreuz und das Bewusstsein, dass das eigene irdische Leben nicht alles ist, ja, dass Solidarität und Liebe wichtiger sind, machte Seelsorgern nach deren eigenen Aussagen Mut. Da es anfangs noch nicht genug Schutzkleidung und Masken gab, schon gar nicht in den armen Bevölkerungsschichten, infizierten sich in Italien weit über hundert Priester und starben an Covid. In Rom nannte man sie „Märtyrer der Nächstenliebe". Über ihr Zeugnis wurden Bücher geschrieben, eine Sonderbriefmarke wurde herausgegeben.

Aber gehen wir noch einmal zurück nach San Marcello: Zur Vorbereitung auf das Jubiläum 2025 fand dort in der Kirche eine bemerkenswerte Ausstellung statt. Zu sehen war der berühmte „Christus" von Salvador Dalí, der den Gekreuzigten hoch über einem See schwebend zeigt. Dalí verwendet dabei zwei Perspektiven: Die Landschaft im unteren Bildteil sieht der Betrachter, als stünde er vor ihr. Der Gekreuzigte, der keine Leidenszeichen (wie Blut) an sich hat, ist von oben her gemalt, quasi aus der Perspektive Gottes, der um das Leid der Welt weiß, aber auch um ihre Erlösung. Wer sich nach Hoffnung sehnt – so könnte die Botschaft des Bildes lauten –, braucht Mut, die Perspektive zu wechseln.

***

Das Kreuz ist das Wort, mit dem Gott auf das Böse in der Welt geantwortet hat. Manchmal erscheint es uns so, als würde Gott nicht auf das Böse antworten, als bliebe er still. Aber in Wirklichkeit hat Gott gesprochen, er hat geantwortet und seine Antwort war das Kreuz Jesu: ein Wort, das Liebe, Barmherzigkeit und Vergebung bedeutet. Es ist aber auch ein Urteil: Gott beurteilt uns, indem er uns liebt … Wenn ich seine Liebe aufnehme, bin ich heil, wenn ich sie ablehne, bin ich verdammt. Er allein liebt und rettet. Das Wort des Kreuzes ist auch die Antwort der Christen auf das Böse, das ständig um uns und in uns agiert. Die Christen müssen auf das Böse mit dem Guten antworten, indem sie wie Jesus das Kreuz auf sich nehmen.

Papst Franziskus, Gebetszettel in San Marcello

Zum Frieden gelangen wir nur über das Kreuz.

Notker Wolf

IV UMDENKEN

a Dem Ruf folgen
Die Berufung in San Luigi dei Francesi

In der römischen Altstadt liegt zwischen dem Pantheon und der Piazza Navona die französische Nationalkirche „San Luigi dei Francesi“ – „Saint Louis des Français“. Sie ist nach dem französischen König Ludwig IX. benannt, der im 13. Jahrhundert regierte. Sein Sinn für Verantwortung, sein Einsatz für den Glauben und sein Engagement für Arme brachten dem vorbildlichen Monarchen bereits zu Lebzeiten den Ruf eines Heiligen ein.

In der Barockkirche, die seinen Namen trägt, ist im linken Seitenschiff eine Kapelle zu seinen Ehren eingerichtet. Ein paar Schritte weiter kommt man zur sogenannten Contarelli-Kapelle, die dem heiligen Matthäus geweiht ist. Sie enthält drei Meisterwerke des Malers Caravaggio, die etwa im Jahr 1600 entstanden sind und Szenen aus dem Leben des Apostels schildern. Das erste Bild beschreibt seine Berufung auf ungewöhnliche und ebenso eindrucksvolle Weise. Es lohnt, sich in das Dargestellte einzufühlen und es nachklingen zu lassen:

Vier Männer und ein Junge sitzen an einem Tisch, zählen Geld. Vom rechten Bildrand her fällt Licht in den dunklen Raum und auf ihre Gesichter – vorbei an einem Fenster mit kreuzförmigem Balken. Unterhalb dieses Fensters erkennen wir dank eines angedeuteten Heiligenscheins Jesus. Seine Augen und seine ausgestreckte Hand richten sich auf einen der Männer am Tisch. Dieser hebt den Kopf, er erwidert den Blick Jesu, nimmt die Geste seiner Hand auf und deutet auf sich – unsicher und sicher zugleich: Ist er gemeint? Ja! Die Szene lässt keine Zweifel zu.

„Als Jesus weiterging, sah er einen Mann namens Matthäus am Zoll sitzen und sagte zu ihm: ‚Folge mir nach!' – Da stand Matthäus auf und folgte ihm", heißt es im Matthäus-Evangelium (Mt 9,9). Andere Bibelstellen nennen Matthäus einen der zwölf Jünger Jesu und versehen ihn mit dem Beinamen „der Zöllner". In der Regel gilt er seit dem 2. Jahrhundert auch als Verfasser des Matthäus-Evangeliums. Nach neueren Forschungen ist es allerdings wahrscheinlicher, dass sich die Autoren oder Übersetzer des Evangeliums nur auf Matthäus als Gewährsmann beriefen.

Wie dem auch sei. Für die Berufungserfahrung, die Caravaggio schildert, spielt das keine Rolle. Die ausgestreckte Hand Jesu erinnert entfernt an die Hand Gottes, die sich in dem berühmten Deckenfresko der Sixtinischen Kapelle, das Michelangelo malte, auf den ersten Menschen / Adam richtet. Caravaggio kannte das Bild zweifelsohne und gibt dem fachkundigen Betrachter zu verstehen: Der Mensch, den Jesus ruft, wird ein neuer Mensch – ein Mensch, der Jesus nachfolgt.

Das gilt nicht nur für Matthäus. Wer sich auf die Szene einlässt, wird sich vielmehr fragen, ob auch er schon einmal gespürt hat, wie sich eine Hand voller Licht auf ihn richtete. Ob ein Ruf an ihn erging, den er verstanden hat. Ob dieser Ruf das Leben ver-

Caravaggio, „Die Berufung des Matthäus" in San Luigi dei Francesi

ändert hat oder nur ein vorübergehender flüchtiger Moment war, der längst vergessen ist.

Viele bekannte und sicher noch mehr unbekannte Gestalten der Kirchengeschichte haben einen solchen Ruf vernommen. Franziskus von Assisi hörte eine Stimme, die ihn zur Umkehr mahnte, als er in den Krieg ziehen wollte. Den französischen Dichter Paul Claudel traf nach eigenen Angaben eine Art Blitz während einer abendlichen Vesper in Notre Dame. Mutter Teresa von Kalkutta hörte die Stimme Jesu inmitten des Elends indischer Slums. Man kann die Reihe noch lange fortsetzen.

Besonders interessant ist in diesem Zusammenhang aber eine Aussage von Papst Franziskus, die der Jesuit Pietro Spandaro nach einem Interview mit ihm festgehalten hat: Er habe den Papst gefragt: „Wer ist Mario Bergoglio?", erzählte Spandaro später. Daraufhin habe Franziskus ihn lange, still angesehen und schließlich gesagt:

„Ich weiß nicht, welches die richtige Antwort ist. Ich bin ein Sünder. Das ist auf jeden Fall richtig. … Ja. Aber die beste Zusammenfassung [meines Wesens], die mein tiefstes Inneres trifft und die ich für die wahrste halte, ist die: Ich bin ein Sünder, auf den der Herr seinen Blick gerichtet hat, … ein Mann, den der Herr angeblickt hat, voller Barmherzigkeit. … Ich kenne Rom nicht gut. … [Aber] ich habe früher öfter die Kirche Saint Louis des Français besucht und vor der Berufung des Matthäus meditiert: … Dieser Finger Jesu, … der sich auf Matthäus richtet, … genau so fühle ich mich, wie Matthäus. … Und es ist auch die Geste des Matthäus, die mich fasziniert, … als wollte er sagen: Nein, nicht ich! … Das habe ich [im Stillen] gesagt, als man mich fragte, ob ich die Wahl zum Papst annehme." (Interview vom 19.8.2013, www.vatican.va, aus dem Italienischen übersetzt)

***

Die Erfahrung Gottes kann oft dem ganzen Leben eine neue Wendung geben. So jedenfalls war es auch bei mir: Ich wurde 1940 geboren, mitten im Krieg. Wir waren sehr arm, und ich war als Kind viel krank. Im Blick auf meine Zukunft war ich ratlos, denn ich wollte nicht einen beliebigen Job machen, sondern einen, der mich erfüllt. Aber welchen? Trotz meiner Jugend war mir damals schon klar: Du kannst jeden Tag sterben! – Im Alter von 14 Jahren fand ich dann beim Aufräumen auf unserem Dachboden ein altes Missionsheft mit der Lebensbeschreibung eines Missionars aus dem 19. Jahrhundert: Pierre Chanel. Er hatte auf einer Insel im Südpazifik Kranke gepflegt und war dabei getötet worden. Aber als ein Jahr später ein anderer Missionar auf die Insel kam, baten dort alle Bewohner um die Taufe. Diese Erzählung traf mich im Innersten. Es war, als hätte mich Jesus berührt. Ich spürte: Mein Leben hat einen Sinn, Gott braucht mich! So begann mein Weg zu den Missionsbenediktinern in Sankt Ottilien, wo sich für mich eine neue Welt öffnete.

Notker Wolf

b Mut zur Wahrheit
Der Bocca della Verità

Unterhalb des Palatins steht nahe dem Tiber die kleine byzantinische Kirche „Santa Maria in Cosmedin". Sie entstand im ausgehenden ersten Jahrtausend über den Fundamenten eines antiken Herkules-Tempels. Damals wurde die Gegend überwiegend von griechischen Kaufleuten bewohnt, die ihre Waren auf einem großen Markt vor der Kirche anboten.

Blick von Trastevere aus über den Tiber auf Santa Maria in Cosmedin (rechts)

In der Neuzeit erlangte die hübsche kleine Marienkirche Weltruf durch ein steinernes Monument in ihrer Vorhalle, den berühmten „Bocca della Verità“, den „Mund der Wahrheit“: Die fast mannshohe, runde Marmorplatte zeigt ein riesiges Gesicht mit einem geöffneten Mund. Man weiß weder, wer hier dargestellt ist, noch wo die Platte herkommt. Vermutlich diente sie in der Antike dazu, eine Eingangspforte zu verschließen.

Wenn man zu der Kirche kommt, sieht man vor ihr stets Besucher aus vielen Ländern in einer langen Schlange stehen. Alle warten geduldig, bis sie ihre Hand in den riesigen Mund schieben und diese „mutige“ Tat mit einem Foto dokumentieren können. Der Grund für das Interesse ist eine mittelalterliche Legende: Ihr zufolge beißt der Mund nämlich jede Hand ab, die einem Lügner gehört. Wer dagegen stets die Wahrheit spricht, wird verschont.

Versucht man den Hintergrund der Geschichte zu erforschen, hört man in Rom mancherlei Erklärungen: Im Mittelalter, heißt es, habe es fingierte Rechtsurteile gegeben, bei denen hinter dem Bocca ein bewaffneter Knecht stand und dafür gesorgt hat, dass angebliche oder auch wirkliche Lügner entlarvt wurden. Die schlauen Römer, so erzählt man weiter, verstanden es aber auch von jeher, den Bocca zu überlisten.

Beispielsweise wurde einst eine hübsche junge Dame der Gesellschaft des Ehebruchs angeklagt, beteuerte aber ihre Unschuld. Als sie zum Bocca gehen sollte, um dies zu beweisen, stürmte vor den Augen der umstehenden Menge ein Mann auf sie zu und umarmte sie. Er habe einfach nur Mitleid mit diesem unschuldigen Geschöpf, erklärte er unter Tränen. Als die Dame wenig später ihre Hand in den Bocca legte, sagte sie: „Ich schwöre, dass mich außer meinem eigenen Mann und diesem barmherzigen Passanten nie ein Mann umarmt hat.“ Ihre Hand blieb unversehrt, und so mancher Römer ahnte, wer der anonyme Passant in Wirklichkeit war.

International bekannt wurde der Bocca schließlich im 20. Jahrhundert durch den Spielfilm „Ein Herz und eine Krone" – „Vacanze Romane" – mit Audrey Hepburn und Gregory Peck in den Hauptrollen. Postkarten mit Bildern aus dem Film, die beide Schauspieler am Bocca zeigen, werden im Andenkenshop der Kirche verkauft.

Als wir die Kirche besuchen, beobachten wir eine Zeit lang die Touristen vor dem „Mund der Wahrheit". Dabei fällt uns auf,

Der Bocca della veritá – der Mund der Wahrheit – vor der Kirche Santa Maria in Cosmedin

dass etliche von ihnen, Kinder ebenso wie Erwachsene, ihre Hände nur mit einem gewissen Zögern und einem etwas ängstlichen Blick in den riesigen Mund schieben. Wir fragen uns schmunzelnd: Warum? Gibt es in unserem wissenschaftlich aufgeklärten Zeitalter etwa noch Zweifel daran, dass ein Mund aus Stein nicht zubeißen kann?

Befällt manch einen hier eine kindliche Furcht vor dem Unheimlichen? Oder sind einige Besucher unsicher, weil ihnen angesichts des Bocca gewisse, vielleicht kaum eingestandene Verfehlungen einfallen? Was ist Spiel, was ist Ernst? Was ist Illusion, was Wirklichkeit?

Der überstandene „Wahrheitstest" am Bocca della Verità scheint jedenfalls allen die Sicherheit zu geben, nicht gelogen zu haben oder dabei zumindest nicht ertappt worden zu sein. Wer seine Hand wieder heil aus dem Mund herausgezogen hat, wirkt sichtlich erleichtert. Wir wagen den Vergleich: fast so erleichtert wie manche Gläubige, nachdem man ihnen die Vergebung ihrer Sünden zugesprochen hat.

Die typisch römische Mischung aus Spiel und Ernst ist auch vor einem Seitenaltar im Inneren der Kirche zu spüren: Dort werden Reliquien des heiligen Valentin verehrt, der gemäß verschiedenen Überlieferungen im 3. Jahrhundert in Terni und / oder Rom lebte. Er starb als Märtyrer, so heißt es, weil er trotz offizieller Verbote Ehen zwischen Heiden und Christen segnete. Liebende in aller Welt betrachten ihn daher als Schutzpatron.

An seinem Gedenktag, dem 14. Februar, schenken Verliebte einander auch in Rom Blumen, und in Santa Maria in Cosmedin werden die Reliquien des Heiligen stets aufs Neue mit Blüten verziert. In der Kirche sehen wir, wie Besucher aus verschiedenen Ländern sich zwar durch Schmuck oder Kleidung zu

Eine junge Frau zündet in Rom vor den Reliquien des heiligen Valentin eine Kerze an

unterschiedlichen Glaubensrichtungen bekennen, aber gemeinsam vor den Reliquien Valentins verweilen und Kerzen anzünden.

Angesichts des bunten Treibens, das Wissenschaft und Theologie zu ignorieren scheint, aber offenkundig alle glücklich macht, fallen uns einmal mehr die Worte des Apostels Paulus aus dem zweiten Korintherbrief ein: „Für jetzt bleiben Glaube, Hoffnung, Liebe, diese drei; doch am größten unter ihnen ist die Liebe“ (2 Kor 13,13).

***

Vergänglichkeit und Dauer als die beiden Pole alles irdischen Daseins sind in Rom in einer unvergleichlichen Weise einander nahegerückt, ja miteinander verschmolzen, gleichwie Heiterkeit und Schwermut, Lärm und Schweigen, Hast und Gemächlichkeit … Das Leben geht weiter, es kann geschehen sein, was da will. Und hat es einmal den Anschein, als sollte es zum Erliegen kommen, … es behauptet sich dennoch, es überdauert. Dieses Leben pulsiert nicht, es vibriert, es schäumt, quirlt, tost und funkelt in allen Farben.

Werner Bergengruen[2]

Die Römer häufen auch heute noch einen ungeheuren Wust von Aberglauben, Missdeutungen, Irrtümern auf ihre alten Monumente. Aber vielleicht ist dies ein Teil des Geheimnisses, warum in Rom die Ruinen leben. Nicht Bildung oder ästhetischer Genuss ist es, was die Römer mit ihrer Stadt verbindet, sondern eine besondere, mit leichtem Spott untermischte Liebe. Diese Liebe ist eine Art Naturzustand. Sie bedarf keiner besonderen Äußerungen. Sie hat kein Wissen und keine Fragen.

Reinhard Raffalt[3]

V SEHNSUCHT NACH HEILUNG

a Veränderung ist möglich
Die Priscilla-Katakombe

Im Zentrum Roms waren Bestattungen einst aus hygienischen Gründen verboten. Antike Grabbauten entstanden daher stets außerhalb der damaligen Stadtmauern, so etwa entlang der Via Appia. Weniger bekannt, aber nicht minder interessant sind einige Grabanlagen im Norden Roms. Zu ihnen gehört die Priscilla-Katakombe. Sie liegt an der Via Salaria. Auch diese Ausfallstraße führte einst durch Wiesen und Felder, inzwischen wird sie längst von riesigen Wohnbezirken eingerahmt. Nur die nahegelegene Parkanlage der Villa Ada erinnert noch an vergangene Zeiten.

Die Priscilla-Katakombe wird von Benediktinerinnen betreut. Ihr kleines Kloster befindet sich fast versteckt hinter einer hohen, rötlichen Mauer. Als wir klingeln, werden wir eingelassen und können an einer Führung durch die Katakombe teilnehmen. Als Erstes besuchen wir eine kleine frühchristliche Basilika aus dem 4. Jahrhundert. In ihr wurden damals zwei jugendliche Märtyrer

Unterirdischer Korridor in der Priscilla-Kakombe mit Gräbern in den Wänden (sog. Loculi)

bestattet, Felix und Philippus. Alte Überlieferungen berichten, dass Bischof Silvester I. den Bau dieser Kirche veranlasst habe und später in dem darunterliegenden Gräberareal selbst beigesetzt wurde.

Um die Gestalt Silvesters ranken sich viele Legenden. Aus Furcht vor Verfolgung, so heißt es, lebte er lange als Eremit in einer Berghöhle am Monte Soratte. Kaiser Konstantin habe ihn schließlich im Jahr 314 nach Rom geholt und hier als Bischof eingesetzt. In der Literatur wird Silvester deshalb gelegentlich als erster „Papst" bezeichnet. Viele Kirchenhistoriker betonen allerdings zu Recht, dass es damals noch kein offizielles Papstamt gab. Man werde Silvester daher besser gerecht, wenn man ihn einfach als Bischof von Rom betrachte. Fest steht: Nachdem in den ersten drei Jahrhunderten Zigtausende Christen bei Verfolgungen zu Tode kamen, begann für die Kirche im 4. Jahrhundert ein neues Zeitalter. Silvester wurde zur Symbolgestalt für diese Zeitenwende.

Eine Benediktinerin führt uns von der Basilika über eine enge Treppe hinab in die Katakombe: Wir wandern durch endlos erscheinende, ebenso schmale wie dunkle unterirdische Gänge. Zu beiden Seiten sehen wir in den Wänden sogenannte Loculi: längliche Nischen, die einst mit Ziegel- oder Marmorplatten verschlossen wurden. Es waren die Gräber armer Leute.

Zwischendurch öffnen sich links oder rechts kleine Grabräume, sogenannte Cubiculi, die bessergestellten Familien gehörten. Einige sind mit Stuckornamenten und hübschen farbigen Wandmalereien verziert. Sie erlauben uns, ein wenig in die Glaubenswelt der ersten Christen einzutauchen:

Wir sehen drei junge Männer mit zum Gebet erhobenen Händen inmitten eines Flammenmeeres stehen. Die Szene sei vom Alten Testament inspiriert, erklärt unsere Führerin. Sie zeige drei Jünglinge, die König Nebukadnezar ins Feuer werfen ließ, um sie von ihrem Glauben abzubringen, doch die Flammen konnten ihnen kein Leid zufügen.

Es läuft einem kalt den Rücken herunter, wenn man bedenkt, dass während der Verfolgungen in Rom Christen als lebende Fackeln angezündet wurden. Wir fragen uns, was ihnen die Kraft gab, vor solchem Elend nicht zu kapitulieren. Wie unermesslich musste ihr Vertrauen in den gewesen sein, der sagte: „Ich bin die Auferstehung und das Leben!"

Auf einem anderen Fresko sehen wir den Vogel Phönix, der sich gemäß einem antiken Mythos selbst verbrennt, um danach aus den Flammen zu neuem Leben emporzusteigen. Er galt schon früh als Symbol für Christus, der den Tod besiegt hat. Ein weiterer Grabraum zeigt einen Hirten, der behütend ein Schaf auf seinen

Ein Deckenmosaik im Mausoleum der heiligen Konstanze (Santa Costanza) zeigt Elemente eines idyllischen, paradiesischen Gartens

Schultern trägt, umgeben von Blumen, Früchten und Vögeln. Solche Elemente idyllischer Landschaften findet man oft auch auf vorchristlichen Gräbern. Sie verweisen stets auf das Wunder des Frühjahrs, das Licht und Leben in die abgestorbene Natur zurückbringt. Es sind Symbole der Hoffnung, die im ganzen Mittelmeerraum verbreitet waren.

Christen verbanden solche Bilder auch mit dem Paradies, das sie am Ende ihres Lebens erwarteten, meint unsere Führerin. Man habe es sich offenbar wie jenen herrlichen Garten vorgestellt, den die Bibel im Schöpfungsbericht beschreibt. Betont doch der Kirchenvater Tertullian im 2. Jahrhundert angesichts der Schönheit des Frühjahrs: „Diese ganze Erneuerung der Natur ist ein Hinweis auf die Auferstehung von den Toten."

Die Benediktinerin empfiehlt am Ende des Rundwegs noch einen etwa viertelstündigen Spaziergang zum Mausoleum der Santa Costanza, der heiligen Konstanze, einer Tochter Kaiser Konstantins. Es liegt neben einer anderen, allerdings sehr viel kleineren Katakombe: Sant'Agnese. Der Weg sei lohnend, erklärt sie, denn die Decke des Mausoleums sei mit einem wunderbaren Goldmosaik ausgekleidet, das ebenfalls die Pracht der Natur bzw. des Paradieses zeige.

TIPP
Die römische U-Bahn – Metrolinie B – hat eine Haltestelle „Sant'Agnese – Annibaliano" mit der man bequem und schnell aus der Innenstadt zu der Katakombe und zurück kommt.

Als wir uns verabschieden, meint unsere Führerin nachdenklich: „Zu glauben, dass es noch ein anderes, besseres Leben gibt, ich denke, das ist die Botschaft der frühchristlichen Gräber und Katakomben für die heutige Welt. Die Religion war damals eine große Quelle der Hoffnung, für alle. Das gilt insbesondere für das Christentum. Zu sehen, wie Jesus anderen hilft, selber leidet und aufersteht, hat etwas

Faszinierendes, Wunderbares an sich. Das hat Menschen angezogen: der Glaube, dass das Elend hier nicht alles ist!“

***

Eine Pilgerreise gibt mir nicht zuletzt Zeit, mich hinzusetzen und in die Natur zu blicken: auf den blauen Himmel, die Vögel, ihr Fliegen und Zwitschern, die Gräser und Blumen mit all ihren leuchtenden Farben. Allein auf einem Stein sitzend bin ich doch nicht allein. Ich entdecke die Welt ganz neu als großartiges Geschenk, als mein Zuhause. Ich rufe innerlich: Mein Gott, wie schön ist diese Welt! Durch sie scheint deine Schönheit hindurch. Du liebst uns durch die Natur! Eine solche Erfahrung kann zu einem echten Gebet werden. Viele Ängste und Sorgen lösen sich auf. Wir sehen die Welt dann mit neuen Augen, wir öffnen und wandeln uns, gewinnen neue Kraft. Ich kann es nicht mit meinem Verstand nachvollziehen, aber ich spüre es.

Notker Wolf

b Die Kraft der Berührung
San Saba

Im 15. Jahrhundert beauftragte Papst Sixtus IV. für den Vatikan, genauer gesagt für den päpstlichen Palast, den Bau der später nach ihm benannten Sixtinischen Kapelle. In der ersten Hälfte des 16. Jahrhunderts stattete der Künstler Michelangelo Buonarroti diesen Raum mit Fresken aus, die Weltruhm erlangten. Heute kann man die Kapelle, in der traditionell die Wahl jedes neuen Papstes stattfindet, während eines Besuchs der Vatikanischen Museen besichtigen. Tag für Tag ergreifen Tausende von Pilgern aus aller Welt diese Gelegenheit.

Auf der Wand über dem Altar ist das berühmte „Jüngste Gericht“ zu sehen, das Gewölbe verzieren Bilder der Schöpfungs-

Einen Ausschnitt aus Michelangelos „Erschaffung des Adam“, in der sich die Hand Gottes und die Hand des Menschen/Adam aufeinander zu bewegen, kann man in Rom auch als Druck auf einer Tasche erwerben (oben links im Bild).

geschichte. Besonders beeindruckt sind Besucher meist von einer Szene, die „Die Erschaffung Adams“ schildert. Das eindrucksvolle Bild wird inzwischen von der Souvenirindustrie nicht nur auf Postkarten und Plakaten zum Verkauf angeboten, sondern auch auf Tellern und Taschen, T-Shirts und Aschenbechern.

Michelangelo hat Gott auf dem Fresko gleichsam schwebend in den Wolken dargestellt. Seine ausgestreckte rechte Hand zeigt zielsicher auf den Menschen / Adam. Dieser erwidert die Bewegung und streckt seine linke Hand Gott entgegen. Beide Hände berühren einander auf dem Bild nicht, ein kleiner Abstand zwischen dem Finger Adams und dem Finger Gottes bleibt bestehen. Aber die Verbindung – so die Botschaft des Bildes – ist stark genug, um den Menschen ins Leben zu rufen.

Eine ähnliche Geste findet man auf Malereien in römischen Katakomben, so etwa in „Santi Marcellino e Pietro“. Dort wird die Heilung einer Frau dargestellt, die unter schweren Blutungen litt. Das Markus-Evangelium schildert (Mk 5,25ff), wie sie inmitten einer großen Menschenmenge zu Jesus vorzudringen versuchte, in der Überzeugung, dass er ihr helfen könne: „Sie drängte sich von hinten an ihn heran und berührte sein Gewand.“ Das Bild in der Katakombe stellt diese Szene dar: Die Frau kauert hinter Jesus am Boden und bemüht sich verzweifelt, mit ihrer Hand den Saum seiner Kleider zu erreichen.

In diesem Moment geschieht laut dem Evangelium das Unglaubliche: Die Frau wird geheilt. „Im selben Augenblick“, heißt es, „fühlte Jesus, dass eine Kraft von ihm ausströmte, und er wandte sich in dem Gedränge um und fragte: Wer hat mein Gewand berührt?“ Die Frau wird daraufhin zur Rede gestellt. Und Jesus versichert ihr schließlich: „Geh in Frieden! Du sollst von deinem Leiden geheilt sein“ (Mk 5,34).

Die Kraft der Berührung und Nähe, die ein Mensch angesichts des Göttlichen erfährt, haben Maler in Rom immer wieder in Kunstwerken festzuhalten versucht. Die zarte, oft nur angedeutete Symbolik wird aber angesichts der Fülle und Größe anderer Objekte allzu leicht übersehen. Man muss sie gezielt suchen.

In dieser Absicht machen wir uns auf den Weg zu dem Kloster „San Saba" auf dem sogenannten Kleinen Aventin, einer Erhebung unmittelbar neben dem bekannten großen Hügel Aventin. Das Kloster wurde im 8. Jahrhundert von Mönchen aus dem östlichen Mittelmeerraum gegründet und war bis zur Spaltung zwischen West- und Ostkirche im Jahr 1054 eine Brücke, die Rom und Konstantinopel verband. Seither lebten in San Saba verschiedene Ordensgemeinschaften. Heute werden die kleine Kirche und die dazugehörige Pfarrei von Jesuiten betreut.

Von der Viale Aventino sind es nur wenige Schritte hügelaufwärts, dann stehen wir vor dem Eingang zur Kirche San Saba. Im 20. Jahrhundert fand man bei Ausgrabungen unter der Kirche ein altes römisches Gebäude mit einem kleinen Oratorium, einen Gebetsraum, aus dem 6. Jahrhundert. Hier soll die heilige Silvia, die Mutter von Papst Gregor dem Großen, gewohnt haben.

Ein Schild an der Tür teilt uns allerdings mit, dass das Oratorium derzeit nicht zugänglich ist. Zu unserer Freude erfahren wir aber auch, dass einige der eindrucksvollen Fresken, die man dort entdeckte, inzwischen restauriert und in den Gemeinderäumen neben der Kirche ausgestellt sind. In der Tat finden wir dort, was wir suchen: ein Bild, das eine Heilungsszene zeigt, bei der Jesus seine Arme ausstreckt und mit seinen Händen sanft den Arm eines Mannes umschließt, der ihm gegenübersteht. Vermutlich diente ein Wunder aus dem Matthäus-Evangelium als Vorlage (vgl. Mt 12,10ff). Die Szene ist – wie manche Bilder in den Kata-

Christus berührt und heilt einen Kranken. Wandfresko in San Saba

komben – äußerst schlicht gemalt, sie wirkt leicht und dennoch ansprechend. Wir spüren in ihr die ganze Kraft, die von einer zarten Berührung ausgehen kann.

Berührungen können, modern ausgedrückt, Energie übertragen, gleich ob physisch oder psychisch. In römischen Kirchen haben wir schon oft beobachtet, wie Gläubige und Pilger die Hände oder Füße von Heiligenfiguren, von Jesus oder Maria zärtlich berühren. Es sind Gesten, die nichts Naives an sich haben, sondern Liebe ausdrücken, eine Form von Zuneigung, die gegeben und empfangen wird. Auch Segensgesten, etwa durch das Auflegen einer Hand, können Menschen etwas von der Nähe und Liebe des anderen bzw. Gottes vermitteln.

Im „aufgeklärten" Norden setzen wir heute vielfach darauf, dass Menschen aus guten Worten oder wohldurchdachten

Bronzefigur des heiligen Petrus in der Petersbasilika, deren Füße durch die Berührungen unzähliger Pilger abgegriffen sind.

Predigten neue Kraft schöpfen. Das ist sicher nicht falsch. Aber wir vergessen dabei oft die Sehnsucht des Herzens, die sich durch intellektuellen Zuspruch allein nicht stillen lässt. In südlichen Ländern, so auch in Rom, lernt man tiefer zu sehen: Berührungen können mehr Hoffnung vermitteln als alle frommen Worte. Und sie können sogar stärker sein als hartes Metall – wie uns später bei einem Besuch in Sankt Peter die von Berührungen abgegriffenen Bronze-Füße des heiligen Petrus beweisen.

***

Wer die Wahrheit fassen will,
wird scheitern,
und wer sie zu beschreiben sucht,
der findet keine Worte.
Nur wer im Herzen
staunend niederkniet,
den berührt sie
in der Tiefe seiner Seele.

Corinna Mühlstedt

VI UNTERSTÜTZUNG SUCHEN

a Dankbarkeit empfinden
Die Madonnelle und Santa Maria Maggiore

Wir fahren in Rom mit der Trambahn durch die laute Viale Trastevere Richtung Tiber, eingepfercht zwischen Schulkindern, Touristen mit Rucksäcken und Römerinnen mit Einkaufstüten. Alle sehen müde aus, auch wir sind erschöpft. Da beobachten wir an einer Haltestelle, wie eine ältere Dame aus dem Fenster schaut, unvermittelt strahlt und sich bekreuzigt. Wir folgen mit unseren Augen ihrem Bick, und plötzlich verstehen wir:

Die Aufmerksamkeit der Frau gilt einer kleinen Madonna, die in Form eines Halbreliefs in eine Mauer neben der Straße eingelassen ist. Es ist ein besonderer Ort: Während des Zweiten Weltkriegs wurde 1943 hinter dieser Mauer ein Haus für Waisenkinder eingerichtet. Ein Jahr später schuf der italienische Künstler Arrigo Minerbi hier die kleine „Madonna degli Orfani", die „Madonna der Waisenkinder". Sie sollte Segen schenken und ganz nebenbei Spenden sammeln: mit Hilfe einer Kassette

Die vom römischen Volk verehrte „Madonna degi Orfani“ in Trastevere

in der Mauer, auf der steht „Pane agli Orfani“, „Brot für die Waisen“.

Für die Römer wurde diese Madonna rasch ein Ort der Zu-Zuflucht und man suchte Rat bei ihr. Wir sehen unterhalb des Bildnisses Kerzen und Blumen. Um die Madonna herum hängen an der Mauer Hunderte von kleinen Votivtafeln, auf denen sich Gläubige für die Hilfe bedanken, die ihnen zuteilwurde: für die Heilung von einer Krankheit, die gesunde Geburt eines Kindes, die Vermittlung eines Arbeitsplatzes und vieles mehr.

Es gibt in Rom unzählige kleine Madonnenbilder (oft Madonnelle genannt), Heiligenfiguren und Kreuzesdarstellungen, an die sich das Volk mit Bittgebeten und Dankesworten wendet – keineswegs nur in Kirchen, sondern eben auch in den Straßen. Das Volk lebt hier von jeher die Beziehung zum Heiligen in all seinen

Formen mit großer Selbstverständlichkeit. Die mütterliche, fürsorgende und beschützende Gestalt der Madonna hat dabei stets besondere Bedeutung.

Rom ist daher auch reich an Marienkirchen, in denen kostbare Bilder und Ikonen der Madonna verehrt werden. Eine der ältesten ist „Santa Maria Antiqua“ am Forum Romanum. Die größte und bekannteste ist „Santa Maria Maggiore“ nahe des Hauptbahnhofs Termini: Gemäß einer alten Legende entstand die Kirche schon im 4. Jahrhundert aufgrund einer Marienvision, die Papst Liberius in einem Traum hatte. Ihre heutige Form erhielt sie nach mehreren Umbauten und Erweiterungen ab dem 16. Jahrhundert.

Die ranghohe päpstliche Basilika beherbergt zahllose Schätze, von denen viele mit der Gestalt Marias verbunden sind, so etwa Reliquien der historischen Krippe Jesu aus Betlehem und eine der ältesten figürlichen Krippen des Abendlandes aus Marmor, die von dem Bildhauer Arnolfo di Cambio im 13. Jahrhundert geschaffen wurde.

Bei Römern und Pilgern besonders beliebt ist die Marienikone „Salus Populi Romani“, die im linken Seitenschiff in der „Paulinischen Kapelle“ hängt. Maria trägt hier das Jesuskind auf ihrem Schoß, entsprechend dem Bildtypus der „Hodegetria“, der „Wegweiserin“. Wie so manche wertvolle Ikone soll sie einst vom Evangelisten Lukas gemalt worden sein.

Im 6. Jahrhundert ließ Papst Gregor der Große die Ikone aus Anlass einer Pestepidemie durch die Straßen Roms tragen. Papst Franziskus holte sie im März 2020 zusammen mit dem Kruzifix von San Marcello auf den Petersplatz, als er dort angesichts der Covid-Pandemie um Beistand für die Welt bat und ihr den Segen „Urbi et Orbi“ spendete.

Marienikonen haben eine starke ökumenische und sogar eine interreligiöse Dimension. In den orthodoxen Kirchen, wo sie ursprünglich zu Hause sind, sollen Ikonen mit ihrem leuchtenden Goldgrund von jeher einen Blick in das Licht des Himmels vermitteln. Wer sich in sie versenkt, kann etwas von der Strahlkraft des Göttlichen ahnen. Dabei verweist Maria als „Wegweiserin" auf Jesus, den sie der Welt bringt und an dem man sich ausrichten soll.

Auch evangelische Theologen wie Martin Luther waren leidenschaftliche Marienverehrer und schätzten Ikonen der Gottesmutter. Es wird sogar überliefert, dass im Arbeitszimmer des Reformators eine Marienikone hing. In seiner Auslegung des Magnifikats fasste Luther seine Form der Marienverehrung in die Worte: „Maria will nicht, dass man zu ihr kommt, sondern dass man durch sie zu Gott kommt."

Interessanterweise würdigt auch der Koran die „Mutter Jesu" als „Erwählte Gottes" und als „Zeichen für die Menschen". Und im Jahr 2015 sang die jüdische Sängerin Noa auf dem Petersplatz in Rom eine moderne Variante des klassischen „Ave Maria" als, wie sie sagte, „persönliches Gebet um Frieden". Es wundert daher nicht, dass man in Santa Maria Maggiore heute Touristen verschiedener Glaubensrichtungen sieht, die der Ikone Salus Populi Romani einen Besuch abstatten.

Papst Franziskus sucht sie anlässlich jeder größeren Reise auf, um zunächst für das Gelingen der Unternehmung zu bitten und um anschließend für einen guten Ausgang zu danken. Wie jede Votivtafel und jede Kerze, die Pilger vor einem Marienbild hinterlassen, steht auch das Dankgebet des Papstes für eine Hoffnung, die nicht enttäuscht wurde.

Die Ikone „Salus Popoli Romani“ in der Basilika Santa Maria Maggiore

***

Erinnern wir uns an die glücklichsten Momente unseres Lebens, in denen unser Herz aufging: Waren es nicht die Momente, in denen wir uns als beschenkt empfanden? War unser Glück je selbstgemacht? War es nicht immer ein Geschenk, Gnade? Wer das verstanden hat, für den wird alles Gute und Schöne, das er erlebt, ein Grund zur Dankbarkeit. Und er wird die Erfahrung machen: Dankbarkeit stärkt das Glücksempfinden und Dankbarkeit ist eng mit Staunen verbunden. Was mich angeht: Ich staune, wenn ich auf mein Leben zurückblicke. Oft werde ich gefragt, ob ich stolz auf etwas sei, was ich geleistet hätte. Meine Antwort lautet stets: Ich bin dankbar, dass es wahr geworden ist, aber allein hätte ich es niemals geschafft.

Notker Wolf

Ave Maria – Wo hast du dich verborgen?
Weißt du nicht, wie sehr wir dich brauchen?
Die Dinge sind hier unten ziemlich schlecht bestellt!
Doch ich weiß, es gibt Schönheit, Freundlichkeit und Lachen,
all dies sind Werte, für die du immer standest –
hilf uns, sie wieder zu finden!

Noa[4]

b Dem Heiligen begegnen
San Giovanni in Laterano und die Scala Santa

Die Basilika „San Giovanni in Laterano“ – „Sankt Johann im Lateran“ ist nach Johannes dem Täufer benannt und war die erste Kirche, die Kaiser Konstantin im 4. Jahrhundert für die Christen Roms bauen ließ. Anfangs hieß sie allerdings „San Salvatore“ und war Christus, dem Erlöser, geweiht. Im angrenzenden Lateran-Palast residierten die Päpste bis ins 13. Jahrhundert. Erst dann wurde ihr Sitz dauerhaft in den Vatikan verlegt. Dennoch ist San Giovanni bis heute eine der wichtigsten Kirchen Roms und hat viel zu bieten.

Wir betreten den mächtigen fünfschiffigen Kirchenbau vom Hauptportal aus. Im rechten Seitenschiff entdecken wir gleich auf der Rückseite des ersten Pfeilers ein kleines Bild aus der Schule des bekannten Malers Giotto di Bondone: Es zeigt Papst Bonifaz VIII., der im Jahr 1300 von der Loggia des Lateranpalastes aus das erste „Heilige Jahr“ verkündet (siehe Abb. auf Seite 90).

Am Ende des Seitenschiffs führt ein Ausgang auf die „Piazza San Giovanni in Laterano“. Wir überqueren die breite Straße, die sie begrenzt, und sehen rechts einen unscheinbaren Eingang, der in einen noch erhaltenen Teil des früheren Lateranpalastes führt. Er ist das Ziel unseres heutigen Wegs, denn hier verbirgt sich ein Kleinod, das aufgrund von Renovierungsarbeiten lange nicht zu besichtigen war, jetzt aber endlich wieder zugänglich ist: die „Heilige Treppe“ – „Scala Santa“.

Kaum haben wir die Eingangspforte passiert, stehen wir unmittelbar vor ihr. Nach alten Überlieferungen handelt es sich um die Treppe, die Jesus einst in Jerusalem zum Verhör vor dem römi-

Papst Bonifaz VIII verkündet 1300 das erste Heilige Jahr (Fresko in der Lateransbasilika)

schen Statthalter Pontius Pilatus hinaufsteigen musste. Die Mutter Kaiser Konstantins, Helena, soll sie im 4. Jahrhundert im Heiligen Land gefunden und ihren Transport nach Rom veranlasst haben.

Wahrheit oder fromme Legende? Das lässt sich, wie so oft in Rom, nicht entscheiden. Martin Luther soll angesichts dieser Treppe schwerwiegende Zweifel an so manchen kirchlichen Traditionen geäußert haben, sicher mit gutem Grund. Doch als wir sehen, wie Dutzende von Pilgern, andächtig und mit tiefem Ernst, auf ihren Knien (siehe Abb. auf Seite 92) die achtundzwanzig Stufen hohe Treppe erklimmen, spüren wir deutlich: Es geht hier um mehr als um fromme Illusionen.

Trotzdem sind wir erleichtert, als wir feststellen, dass es noch eine zweite Treppe gibt, die parallel zu der ersten verläuft und auf der wir das obere Stockwert des Palastes ganz normal zu Fuß erreichen können. Oben angekommen kann man die einstige Privatkapelle der Päpste besichtigen, die unter dem Namen „Sancta Sanctorum" bekannt ist: „Heiligste der Heiligen".

Eine lateinische Inschrift in der Kapelle erklärt, dass es „auf der ganzen Welt keinen heiligeren Ort" gibt. In erster Linie bezieht sich das auf eine große Christus-Ikone, die über dem Altar der Kapelle hängt. In ihr werden zahlreiche historische Reliquien aufbewahrt. Gemäß alten Legenden soll auch diese Ikone vom Evangelisten Lukas und Engeln gemalt worden sein. Nach dem Urteil von Kunsthistorikern stammt sie möglicherweise aus dem 8. Jahrhundert. Die Datierung ist allerdings äußerst schwierig, da sie mehrfach restauriert und das Gesicht Jesu dabei sogar übermalt wurde.

Doch als wir in die Kapelle kommen, schenken wir den wissenschaftlichen Streitfragen kaum noch Beachtung, sondern lassen einfach die Atmosphäre auf uns wirken. Ein italienischer Führer

Die „Scala Santa“ – „Heilige Treppe“ – wird von Pilgern traditiionell auf Knien erklommen

macht uns auf zwei silberne Türen aufmerksam, die im Mittelalter zu beiden Seiten der Ikone angebracht wurden. Seither, betont er, war es möglich, die Ikone „wie ein Grab zu verschließen“. Zu besonderen Anlässen, so etwa während eines Heiligen Jahres oder zu Ostern, wurden die Türen dann feierlich geöffnet, und alle konnten das zuvor verborgene Gesicht Jesu erneut sehen. Der Vorgang sollte symbolisch den Moment der Auferstehung wachrufen, in dem sich das Grab Jesu öffnete.

Als wir die Ikone nachdenklich betrachten, kommen auch einige der Pilger, die die Scala Santa auf Knien erklommen haben, in den Raum – schweigend, im Gebet versunken. Je länger auch

Die Ikone „Sancta Sanctorum“ gilt als eine der heiligsten ihrer Art

wir still vor dem Altar verweilen, desto weniger können wir das, was wir empfinden, intellektuell nachvollziehen oder in Worte fassen. Aber wir sind uns einig: Diesen Ort umgibt eine Atmosphäre der Heiligkeit. Man wird von etwas berührt, das alltägliche Erfahrungen übersteigt. Ein nahezu mystisches Erlebnis.

***

Welche Macht
rief mich ins Dasein?
Ganz auf sie angewiesen,
bin ich bereit,
zu nichts zu werden,
– jeden Augenblick –
darauf vertrauend,
dass sie mich neu erschafft.

Corinna Mühlstedt

c Zeichen verstehen
Santa Croce und San Lorenzo

„Sich [äußerlich] auf einen Weg zu begeben, ist typisch für diejenigen, die sich [innerlich] auf die Suche nach dem Sinn des Lebens machen. Eine Fußwallfahrt trägt sehr dazu bei, den Wert der Stille, der Anstrengung und der Konzentration auf das Wesentliche wiederzuentdecken“, schreibt Papst Franziskus in der Bulle „Spes non confundit“ – auf Deutsch: „Die Hoffnung lässt nicht zugrunde gehen“ oder „Die Hoffnung enttäuscht nicht“. Der Text, der hier öfter zitiert wird, wurde im Mai 2024 veröffentlicht, damit Pilger sich in aller Ruhe auf das Heilige Jahr 2025 vorbereiten können.

Pilgerwege haben in Rom Tradition. Eine der bekanntesten Routen ist die historische „Sieben-Kirchen-Wallfahrt“, auf der

Die Basilika „Santa Croce in Gerusalemme“ – Kupferstich aus dem 18. Jahrhundert

man die Hauptkirchen der Stadt besucht. Zu ihnen gehören drei Kirchen, die wir bereits erwähnt haben: „Santa Maria Maggiore", „San Giovanni in Laterano" und „San Sebastiano" an der Via Appia Antica. Ferner die Kirchen der Schutzpatrone Roms, der Apostel Petrus und Paulus: „San Pietro in Vaticano" und „San Paolo fuori le mura", auf die wir noch ausführlicher zu sprechen kommen. Und nicht zuletzt zwei weitere Kirchen, die man vom Lateran aus gut zu Fuß erreichen kann: „Santa Croce in Gerusalemme" und „San Lorenzo fuori le mura".

Traditionell ermutigt man in Rom Pilger, die gut zu Fuß sind, alle sieben Kirchen an nur einem Tag zu besuchen, obgleich der Rundweg 20 bis 25 Kilometer umfasst. Der volksnahe und humorvolle Gründer des Oratorianer-Ordens, der heilige Philipp Neri, der mit seinen Freunden Arme, Kranke und Straßenkinder versorgte, belebte die Sieben-Kirchen-Wallfahrt im 16. Jahrhundert neu. Bald konnte er für den Rundweg auch einflussreiche Bürger und Adlige begeistern.

Allerdings verlief die Strecke damals durch Felder und Weinberge, nicht wie heute entlang verkehrsreicher Straßen. Wurde eine Pilgergruppe dennoch müde, warf der „Spaßmacher Gottes" seinen Pilgerstab in die Luft und rief: „Paradiso! – Denkt an das Paradies, auf das ihr zugeht!" Bis heute folgen viele Pilgergruppen der Route im Andenken an die alte Tradition. Nach der Besichtigung des Laterans schaffen wir allerdings nur noch eine kleine Etappe nach Santa Croce und San Lorenzo.

Der Weg von der Lateran-Basilika nach Santa Croce in Gerusalemme ist nicht weit und führt durch eine gepflegte Parkanlage, die erst in jüngster Zeit längs der alten Stadtmauer angelegt wurde. In der Kirche werden zahlreiche Passions-Reliquien aufbewahrt, die einst die heilige Helena in Jerusalem ausfindig machte:

Splitter vom Kreuz Jesu und Erde vom Hügel Golgotha, die Inschrift „INRI“, die über dem Kreuz angebracht war, Dornen aus seiner Dornenkrone und vieles mehr.

Der Reliquienschatz von Santa Croce ist heute links neben dem Altar in einer modernen, recht kühl gestalteten Kapelle zu sehen. Freilich wurde die „Echtheit“ all dieser Reliquien immer wieder in Zweifel gezogen. Aber sind Reliquien wertlos, wenn sich ihre wahre Herkunft nicht belegen lässt? Für Millionen Gläubige waren sie jahrhundertelang Anlass, sich auf Jesus und seine Botschaft zu besinnen. Und manch einer hat dabei wohl auch neue Perspektiven für sein eignes Leben gefunden. Haben wir ein Recht, darüber zu urteilen? Sicher nicht.

Von Santa Croce aus verläuft der Wallfahrts-Weg entlang stark frequentierter Straßen und Verkehrsknotenpunkte wie der Porta Maggiore weiter nach San Lorenzo fuori le mura. Die frühchristliche Basilika ist nach dem heiligen Laurentius benannt, einem Diakon und Freund der Armen. Er starb im 3. Jahrhundert während einer Christenverfolgung unter Kaiser Valerian als Märty-

San Lorenzo fuori le mura – Kupferstich aus dem 18. Jahrhundert

rer, weil er sich weigerte, dem Kaiser Geld auszuhändigen, das für Sozialprojekte bestimmt war. Der Überlieferung nach wurde sein Leichnam in einer Katakombe beigesetzt, die unterhalb der heutigen Kirche San Lorenzo liegt. Neben der Basilika befindet sich das große Areal des Campo Verano, des städtischen Friedhofs von Rom, mit dekorativen Jugendstil-Monumenten.

Unvergessen ist in San Lorenzo ein Schock, der die Bevölkerung im Juli 1943 traf: Damals bombardierten Kampfflieger der Alliierten das Viertel und richteten großen Schaden an. Auch die frühchristliche Kirche fiel dem Angriff zum Opfer. In der Sakristei der Basilika, die inzwischen wieder originalgetreu aufgebaut wurde, kann man Fotos vom Ausmaß der Zerstörung sehen. San Lorenzo war kein Einzelfall. Etliche Kirchen und Klöster, die keine militärische Bedeutung hatten, sondern allenfalls hilflosen

Die Basilika „San Lorenzo fuori de mura“ in ihrer heutigen Gestalt, das heißt nach dem Wiederaufbau am Ende des Zweiten Weltkriegs.

Das Wort Pax – Frieden – steht über dem Eingang von Benediktinerklöstern, hier ein Beispiel aus Montacassino, dem Kloster, in dem der heilige Benedikt starb.

Zivilisten Zuflucht boten, wurden in Italien gegen Ende des Zweiten Weltkriegs Opfer sinnloser Zerstörungswut.

Ein Beispiel ist auch die Benediktinerabtei Montecassino südlich von Rom, die alliierte Bomber 1944 dem Erdboden gleich machten. In dem Kloster, das heute ebenfalls wieder aufgebaut wurde, sieht man ein Bild, das zeigt, wie der Abt und andere Überlebenden nach der Bombardierung aus dem Eingangstor der Klosterruine heraustreten, ein großes Vortragekreuz in der Hand. Über dem Torbogen steht – wie über allen Benediktinerklöstern – in großen Lettern „Pax“: „Frieden“.

Das Bild hat starke Symbolkraft. Der Oberbefehlshaber der US-Streitmacht nannte die Bombardierung von Montecassino nachträglich ein „Wahrzeichen der Zerstörungskraft der Air Force“. Ist es nicht eher ein Zeichen menschlichen Größenwahns, ein wehrloses Kloster mit 500 Tonnen Bomben in Schutt und Asche zu legen?

Der heilige Benedikt wurde von Papst Paul VI. im Jahr 1964 zum Schutzpatron des Abendlandes ernannt. Möge er ein Fürsprecher sein für Frieden in Europa und weit darüber hinaus.

Das Wort „Pax“ ist bis heute ein Wahrzeichen benediktinischer Klöster: „Friede sei mit Euch“, lautete der Gruß des Auferstandenen an seine Jüngerinnen und Jünger (Lk 24,36). Und er hat ihnen aufgetragen, diesen Frieden weiterzugeben. Es geht hier um eine Verheißung, die verbindlicher und stärker ist als jede innerweltliche Macht. Frühchristliche Märtyrer wie Laurentius erinnern uns daran, dass es von jeher Widerstand gegen menschlichen Größenwahn gab. Viele haben diesen Widerstand mit dem Leben bezahlt, wurden aber zu Vorbildern, deren Kraft bis heute weiterwirkt.

***

Wir Benediktiner haben in China und Nordkorea zwei Krankenhäuser gebaut. Die Projekte waren Hilfe zur Selbsthilfe. Sie haben seither zahllosen Menschen Gesundheitsversorgung geboten und oft sogar das Leben gerettet. Dabei musste ich immer wieder lernen, jedes Macht- und Besitzstreben loszulassen. Wenn sich ein Verhandlungspartner störrisch zeigte und nichts mehr weiterging, schoss es mir oft durch den Kopf: Auch dieser Mann, der mir gerade nichts als Ärger macht, ist von Gott geschaffen und ebenso geliebt wie ich. Dass er unter einem fragwürdigen Regime geboren und aufgewachsen ist, dafür kann er nichts. Wäre ich hier geboren, wer weiß, wie ich heute denken würde? Ein solches Bewusstsein wirkt entspannend. Die ganze Atmosphäre löst sich. Den anderen als Geschöpf Gottes zu entdecken, hat bei Verhandlungen oft den Durchbruch geschafft. Für mich liegt hier ein Weg zum Frieden.

Notker Wolf

VII NOT SEHEN

a Selig die Armen
Der Waldensertempel

Der Heiligen- und Reliquienkult faszinierte im Mittelalter zahllose Pilger. Doch das Volk wurde davon – im wahren Sinn des Wortes – nicht satt, damals so wenig wie heute. Die Armut und die Missstände jener Zeit, Konsumdenken, Gleichgültigkeit und Oberflächlichkeit waren schon im 5. Jahrhundert für den heiligen Benedikt ein Grund, Rom zu verlassen und nach einem alternativen Lebensstil Ausschau zu halten. Andere Christen hatten im mittelalterlichen Europa denselben Wunsch und suchten ebenfalls neue Wege, um ihren Glauben zu verwirklichen. Einer von ihnen war Petrus Waldes, ein Kaufmann aus Südfrankreich, der dort die Bewegung der Waldenser ins Leben rief.

Auf seinen Spuren wandern wir in Rom zur Piazza Cavour, einem weiten, mit Palmen bestandenen Platz hinter dem Justizpalast. Wenn man die Grünfläche von Westen, also von der Vatikanseite her betritt, fällt der Blick sofort vis-à-vis auf eine weiße Jugendstil-Kirche mit zwei relativ niedrigen Türmen: Es ist der sogenannte Tempio Valdese, der „Tempel“ der Waldenser.

Die Waldenser-Kirche, auch „Tempio Valdese" genannt, an der Piazza Cavour

Die Kirche lohnt einen Besuch, schon aufgrund ihrer schönen Empore und ihrer bunten Glasfenster, ist aber leider selten geöffnet. Neben ihr kann man in einem Buchladen Literatur zur spannenden Geschichte der Waldenser erwerben. Anschließend suchen wir uns unter den Palmen der Piazza Cavour eine schattige Bank für eine Pause und nutzen die Zeit, um die Kirche in Ruhe von außen zu betrachten und uns mit dem Schicksal einer einstmals schwer verfolgten Minderheit vertraut zu machen.

Die Waldenserbewegung entstand gegen Ende des 12. Jahrhunderts in Lyon. Ihr schlossen sich überwiegend Laien an, die radikal nach dem Evangelium, insbesondere nach der Bergpredigt leben wollten: Armut und Gewaltlosigkeit waren für sie ebenso wichtig wie eine freie Verkündigung des Evangeliums durch Wanderprediger in der Volkssprache. Zugleich übten die Waldenser scharfe Kritik am Reichtum und Machtstreben etablierter Kirchenvertreter. Alle Versuche von Petrus Waldes, seine Ideale in Rom verständlich zu machen, scheiterten. 1215 wurden die Anhänger der Bewegung exkommuniziert und fortan von der Römischen Inquisition schwer verfolgt. Viele starben auf dem Scheiterhaufen. Nur eine kleine Gruppe überlebte in Norditalien, in den Tälern des heutigen Piemont, und schloss sich im 16. Jahrhundert der Reformation an.

Die Waldenser sind somit die älteste reformierte Kirche Italiens. Volle Bürgerrechte erhielten sie in Rom aber erst in der zweiten Hälfte des 19. Jahrhunderts. Zu jener Zeit war die weltliche Macht des Papsttums am Ende. Pius IX. setzte 1870 noch auf dem Ersten Vatikanischen Konzil gegen große innerkirchliche Widerstände das Unfehlbarkeitsdogma durch, konnte aber den politischen Niedergang des Kirchenstaats nicht mehr aufhalten: Die Truppen Giuseppe Garibaldis eroberten kurz darauf Rom und machten die Metropole zur Hauptstadt eines geeinten Königreichs Italien.

In der Folgezeit konnten die Waldenser erstmals auch hier Wurzeln schlagen: Die Waldenserkirche an der Piazza Cavour wurde 1914 eingeweiht. Ihr angegliedert sind heute eine Bibliothek und eine eigene Theologische Fakultät zur Ausbildung evangelischer Pastoren. In Italien zählen die Waldenser derzeit nach Schätzungen etwa 50 000 Gläubige. Sie sind mit den Methodisten uniert und formell als Mitglied der Evangelischen Kirchen Italiens anerkannt.

Aufgrund der schmerzlichen Vergangenheit blieb das Verhältnis zwischen den Waldensern und dem Vatikan allerdings bis weit ins 20. Jahrhundert hinein äußerst angespannt. Das änderte sich erst langsam, als sich die katholische Kirche im Anschluss an das Zweite Vatikanische Konzil für die Ökumene öffnete. Heute ist

Flüchtlingskinder aus Kriegsgebieten, die mit Hilfe der Corridoi Umaniari unbeschadet Rom erreicht haben, bedanken sich bei Sant'Egidio und den evangelischen Kirchen Italiens für ihren Einsatz

all dies Geschichte, und man arbeitet längst in ökumenischen Projekten gut zusammen. Eines nennt sich „Humanitäre Korridore" – „Corridoi Umanitari" – und ist das Ergebnis der erfolgreichen Kooperation der Waldenser mit der katholischen Laiengemeinschaft Sant'Egidio.

Das Projekt bietet kleinen Gruppen von besonders gefährdeten Migranten aus Krisengebieten die Chance, sicher nach Italien einzureisen. Wohnungen und Arbeitsplätze sind zum Zeitpunkt der Einreise bereits organisiert, alle Personalien überprüft. Die ökumenische Kooperation hat inzwischen Hunderten von Frauen, Männern und Kindern aus Hunger- und Kriegsgebieten das Leben gerettet.

Finanziert wird das Projekt zum größten Teil aus Spenden und dank der Kultursteuer, die Religionsgemeinschaften in Italien bekommen, erklärt uns eine Finanzexpertin der Waldenser-Gemeinschaft und fügt hinzu: „Wir Waldenser fühlen uns dem biblischen

Auftrag verpflichtet, Fremde gastfreundlich aufzunehmen. Vor allem aber wissen wir, was es bedeutet, verfolgt zu sein. Wir sind eine 800 Jahre alte, winzige protestantische Minderheit. Wir wurden lange ausgegrenzt und misshandelt und waren oft gezwungen zu fliehen. Deshalb wollen wir jetzt anderen helfen und freuen uns besonders, dass die Humanitären Korridore ein ökumenisches Projekt sind. Es ist gelebte Ökumene und ein konkretes Beispiel, dass christliche Konfessionen, wenn sie zusammenarbeiten, unglaublich viel Positives erreichen können.“

***

Die Wohlstandskultur, die uns dazu bringt, nur an uns selbst zu denken, macht uns oft unempfindlich gegen die Schreie der anderen; sie lässt uns in Seifenblasen leben, die zur Gleichgültigkeit gegenüber anderen führen, ja zu einer Globalisierung der Gleichgültigkeit …

Wir haben uns an das Leiden des anderen gewöhnt, es betrifft uns nicht, es interessiert uns nicht! …

Unsere Gesellschaften müssen ihre Haltung gegenüber Flüchtlingen und Migranten von Grund auf überdenken. An die Stelle von Angst, Abwehr oder Gleichgültigkeit muss die Bereitschaft treten, dem anderen zu begegnen. Nur eine Kultur der Begegnung kann eine gerechtere und bessere Welt schaffen. …

Wir sollten der Angst Gastfreundschaft entgegensetzen. Wer vor Kriegen oder brutalen Verfolgungen flieht, gerät oft in die Fänge von Menschenhändlern und skrupellosen kriminellen Organisationen. Wir müssen für diese Flüchtlinge Alternativen schaffen. Die Humanitären Korridore sind eine solche Alternative.

Papst Franziskus in Ansprachen und Predigten

b Mut zu dienen
San Francesco a Ripa

Als zu Beginn des 13. Jahrhunderts die Waldenser in Südfrankreich ums Überleben kämpften, entstand fast zeitgleich in Umbrien die Armutsbewegung des Franziskus von Assisi. Um eine päpstliche Anerkennung seines Lebensstils zu erhalten, pilgerte der „Poverello“ – der „kleine Arme“, wie Franziskus sich gerne nannte – mehrfach nach Rom. Wenn man das dramatische Schicksal der Waldenser kennt, denen es nicht gelungen war, die Gunst des Papstes zu erlangen, versteht man, was dabei für Franziskus auf dem Spiel stand.

Gehen wir also noch einmal in den römischen Stadtteil Trastevere, denn hier soll der Bettelmönch aus Assisi damals gewohnt haben. Die Gegend wurde im Mittelalter häufig vom Tiber überschwemmt und ähnelte in keiner Weise dem heutigen Künstler- und Touristenviertel mit seinen mondänen Bars und Restaurants. Es ist daher nicht verwunderlich, dass sich Franziskus, der den Ärmsten dienen wollte, gerade von dieser bitterarmen Vorstadtgegend voller Krankheiten angezogen fühlte.

Läuft man heute vom Tiber aus die verkehrsreiche Viale Trastevere entlang, sieht man nach einigen Hundert Metern linker Hand, etwas zurückversetzt, das älteste Franziskanerkloster Roms: „San Francesco a Ripa“. Hier sollen Franziskus und seine Gefährten einst übernachtet haben. Der Ort hieß damals San Biagio und bestand aus den Ruinen eines verlassenen Benediktinerklosters und einem baufälligen Hospiz für Leprakranke.

Als wir die kleine Kirche San Francesco a Ripa betreten, fragen wir einen der Franziskaner, ob wir den Raum, in dem Franziskus

San Francesco a Ripa mit dem angrenzenden Franziskanerkonvent

wohnte, sehen könnten. Er bejaht und führt uns durch die Sakristei über eine schmale Stiege hinter der Apsis in das obere Stockwerk. Dort befindet sich eine kleine Kapelle, die mit einem beweglichen Reliquienschrein aus dem 18. Jahrhundert ausgestattet ist. In ihm werden zahllose franziskanische Reliquien aufbewahrt.

An der Wand ist in einer Nische ein Stein zu sehen: auf ihn soll der asketische Heilige beim Schlafen seinen Kopf gelegt haben. Franziskus und seine Mitbrüder, so heißt es, waren ab 1209 mehrere Male hier, um vom Papst die Erlaubnis für ihren Lebensstil zu erbitten. 1229 wurde den Franziskanern das Gelände ganz übereignet. Dank Spendern entstanden ein neues Kloster und die Kirche, die man heute sieht.

Inzwischen lebe hier nur noch eine Handvoll Mitbrüder, erzählt unser Führer. Freie Räume habe man an Migranten vermietet. Sie seien dankbar, ein Dach über dem Kopf zu haben und machten sich im Gegenzug bei der Erhaltung der Gebäude nützlich. Er denke, das sei ganz im Sinne des heiligen Franziskus.

Schließlich zeigt man uns noch die Kopie einer päpstlichen Urkunde aus dem 13. Jahrhundert. Sie bestätigt, dass das Gelände fortan den Franziskanern zur Verfügung steht und nennt den Namen einer wohlhabenden, adligen Römerin, Jacoba de Settesoli, als Wohltäterin des neuen Ordens.

Jacoba war eine junge römische Witwe, die ein großes Familienvermögen verwaltete. Gemäß verschiedenen Überlieferungen half sie den Minderbrüdern in vieler Hinsicht, wenn sie in Rom waren. Möglicherweise konnten sie und ihre einflussreiche Familie durch ihre Kontakte sogar einen Beitrag zur kirchlichen Anerkennung der Franziskaner leisten.

Mit Franziskus verband Jacoba jedenfalls eine enge Freundschaft. Sie schloss sich dem neuen Orden als Laiin an, als sogenannte Terziarin. Als Franziskus 1226 im Sterben lag, besuchte Jacoba ihn ein letztes Mal in Umbrien. Einige Jahre später verzichtete sie auf ihren weltlichen Besitz und übersiedelte ganz nach Assisi. Nach ihrem Tod wurde sie dort in der Unterkirche der Basilika, nahe bei Franziskus und seinen engsten Gefährten, beigesetzt.

Das Vorbild von Jacoba und ihrer Familie hatte Franziskus wohl auch motiviert, eine „Wegweisung für Weltleute" zu entwerfen, die es engagierten Laien ermöglicht, außerhalb eines Klosters die franziskanische Spiritualität zu leben. Aus dieser Idee ging schließlich der „Dritte Orden" der Franziskaner hervor, der bis heute existiert.

In San Francesco a Ripa wird nicht nur die Geschichte sehr lebendig, sondern auch das tiefste Anliegen des Franziskus: die Liebe Jesu in die Welt zu tragen – zum Wohl der Ärmsten! Bevor

Der heilige Franziskus und Jesus – Figurengruppe in San Francesco a Ripa

wir die Kirche wieder verlassen, setzen wir uns noch auf eine der Kirchenbänke und denken nach. Dabei fällt uns in einer Seitenkapelle ein etwa zwei Meter hohes, typisch franziskanisches Kruzifix aus „Cartapesta" auf, einer in Süditalien seit Jahrhunderten verbreiteten Handwerkskunst.

Franziskus steht unterhalb des Gekreuzigten, der mit offenen Augen zu ihm hinabsieht. Die Blicke der beiden Männer treffen sich. Jesus hat seine rechte Hand vom Kreuzbalken gelöst und auf die Schulter von Franziskus gelegt. Dieser wiederum stützt den Gekreuzigten mit beiden Händen, als wolle er ihm helfen, vom Kreuz herabzusteigen.

Die Figurengruppe wird jedes Jahr im Oktober während einer feierlichen Prozession durch die Straßen von Trastevere getragen. Alt und Jung stehen dann am Straßenrand und beweisen, dass es

Franziskus wirklich gelungen ist, Jesus erfolgreich ins zeitgenössische Leben hineinzuholen.

***

Nachdem mir der Herr Brüder gegeben hatte, zeigte mir niemand, was ich zu tun hätte, sondern der Höchste selbst hat mir geoffenbart, dass ich nach der Form des heiligen Evangeliums leben sollte … Jene, die zu uns kamen, gaben alles, was sie haben mochten, den Armen. Und wir waren zufrieden mit einer einfachen Kutte – einem Habit –, innen und außen geflickt, samt Gürtelstrick und Hosen. Mehr wollten wir nicht haben.

Franz von Assisi, Testament

Um Hoffnung bitte ich eindringlich für die Milliarden von Armen, denen oft das Lebensnotwendige fehlt. Angesichts immer neuer Wellen der Verarmung besteht die Gefahr der Gewöhnung und Resignation. … Wir begegnen jeden Tag armen oder verarmten Menschen … Sie leiden unter der Ausgrenzung und der Gleichgültigkeit von vielen. Es ist ein Skandal, dass in einer Welt, die über enorme Ressourcen verfügt, von denen ein Großteil in Rüstungsgüter fließt, die Armen Milliarden von Menschen [sind] … Der Hunger ist eine skandalöse Plage unserer Menschheit …Ich erneuere meinen Appell: Mit dem Geld, das für Waffen und andere Militärausgaben verwendet wird, richten wir einen Weltfonds ein, um dem Hunger ein für alle Mal ein Ende zu setzen und die Entwicklung der ärmsten Länder zu fördern!

Papst Franziskus, Bulle „Spes non confundit"

c Das Leben einsetzen

Santa Maria in Trastevere und Sant'Egidio

Der Platz vor der Kirche „Santa Maria in Trastevere" taucht abends in ein magisches Licht: Straßenkünstler bieten rund um einen Brunnen ihre Waren an. Römer und Touristen sitzen an seinem Rand und genießen die Stimmung. Die Kirche ist eine der ältesten und schönsten Marienkirchen Roms. Sie entstand über einem privaten christlichen Gebetshaus aus dem 3. Jahrhundert. In ihrer Apsis kann man prächtige Goldmosaiken aus dem 12. und 13. Jahrhundert bewundern. Sie zeigen Szenen aus dem Leben Marias.

Als wir die Kirche gegen 20 Uhr besuchen, ist sie bis auf den letzten Platz gefüllt. Denn zu dieser Zeit versammelt sich hier die römische Gemeinschaft Sant'Egidio, eine katholische

Die „Piazza di Santa Maria in Trastevere" mit der gleichnamigen Kirche

Der Innenraum der Kirche „Santa Maria in Trastevere" mit Mosaikbildern aus dem Leben Marias in der Apsis

Laienbewegung, die in den 1960er Jahren entstand, zum Abendgebet. Man sieht alte und junge Gesichter, Römer und Gäste aus vielen Ländern. Jeder ist willkommen.

Gegründet wurde Sant'Egidio von dem römischen Historiker Andrea Riccardi. Der heutige Generalsekretär der Gemeinschaft, der Politologe Cesare Zucconi, erzählt: „Das waren Jahre, in denen man alles kritisiert hat. Die Jugendlichen, die unsere Gemeinschaft aufgebaut haben, haben dieses Klima ihrer Zeit geatmet. Aber es waren zugleich die Jahre nach dem Zweiten Vatikanischen Konzil, mit einer überwältigenden Aufbruchstimmung in der katholischen Kirche. Das Evangelium bedeutete für uns, zu entdecken, dass die erste Kritik, die wir zu üben hatten, die Kritik an uns selbst war. Die erste Veränderung, die wir anstreben mussten, war die Veränderung des eigenen Herzens. Wir sagten damals: Nur neue Menschen können eine neue Welt aufbauen."

Die Lektüre der Bibel wurde für die Jugendlichen zu einer persönlichen Herausforderung. Sie sahen die Not um sich herum und gingen in die römischen Elendsquartiere, dorthin, wo all jene in Wellblechbaracken lebten, die in der Weltstadt ihre Chance gesucht, aber nicht gefunden hatten. Schließlich begannen sie, den Kindern in diesen Slums unentgeltlich Nachhilfe zu geben.

Nach und nach weitete die Gemeinschaft ihr soziales Engagement aus: auf Behinderte, Obdachlose, Migranten und andere Menschen in Not. Ein ehemaliges Kloster nahe Santa Maria in Trastevere, das dem heiligen Ägidius geweiht ist, wurde zu ihrem Sitz und gab ihr den Namen: Sant'Egidio!

Die Gemeinschaft wuchs rasch. 1981 entstand die erste deutsche Niederlassung in Würzburg. Weitere folgten. Heute umfasst Sant'Egidio ein Netzwerk von zigtausend Mitgliedern in rund siebzig Ländern. Zu verdanken sei das nicht zuletzt Flüchtlingen, die aus Krisen- und Kriegsgebieten nach Europa kamen und später in ihrer Heimat von Sant'Egidio erzählten, weiß Zucconi. Beide Seiten lernten dazu: „Wir, hier in Rom, haben gleichzeitig entdeckt, dass der Krieg die Mutter jeder Armut ist, weil die ersten Opfer des Krieges oft die Armen sind und weil jeder Krieg Armut schafft und vermehrt."

So entstand die Friedensarbeit von Sant'Egidio. 1992 machte die Gemeinschaft erstmals internationale Schlagzeilen, als es ihr gelang, die verfeindeten Bürgerkriegsparteien in Mozambique zu einem Friedensabkommen zu bewegen. Sant'Egidio wurde daraufhin für den Friedensnobelpreis nominiert. Seither war und ist die Gemeinschaft in vielen Krisengebieten als Vermittler aktiv, sei es im Kongo, in Syrien oder der Ukraine.

Als Papst Johannes Paul II. 1986 erstmals Repräsentanten aller Weltreligionen zu einem Friedensgebet nach Assisi einlud, war

Friedensgebet mit den Repräsentanten aller Weltreligionen in Rom

man bei Sant'Egidio begeistert. Seither organisiert die Gemeinschaft im Auftrag des Papstes regelmäßig interreligiöse Gebetstreffen nach demselben Muster. Sie finden jedes Jahr in einer anderen europäischen Metropole statt. 2023 kam man in Berlin zusammen.

Dialog und Gebet, erklärt uns Cesare Zucconi, seien die einzige und beste Alternative zu Gewalt und Krieg: „Das sind die Waffen von Menschen, die keine andere Kraft haben als ihre Worte, ihre Hoffnung und ihr Vertrauen. Wir sagen immer: Das Gebet ist eine schwache Kraft, aber eine Kraft,

TIPP

Wer die Arbeit der Gemeinschaft noch mehr unterstützen will, kann spenden. Er kann aber auch hinter Santa Maria in Trastevere auf der kleinen Piazza di S. Egidio die „Trattoria de Gli Amici" besuchen, ein Lokal mit guter italienischer Küche, in dem die Gemeinschaft Menschen mit Behinderung neue Chancen gibt.

die das Herz ändern kann. Gebet und Dialog, mit der Geduld, die wir aus dem Evangelium lernen, und mit der Fähigkeit zu hoffen, auch dort, wo es keinen Grund zur Hoffnung gibt, ich glaube, das ist das Rezept, das die Welt verändern kann."

Der Gründer von Sant'Egidio, Andrea Riccardi, sagte einmal: „Das Gebet ist das Herz unseres Lebens: Die Einheit unserer Gemeinschaft wird spürbar, wenn sie sich versammelt, um zu beten. Wenn heute jemand zu mir sagt: ‚Ich möchte Sant'Egidio kennenlernen', dann antworte ich: ‚Kommen Sie, um mit uns zu beten!'" – Wer Riccardi beim Wort nimmt und in Trastevere eines der Abendgebete der Gemeinschaft besucht, wird etwas von dieser Wahrheit spüren.

***

Ein starkes, andauerndes Gebet kann zu einem Werkzeug des Geistes werden und ist eine der größten Kräfte zur Verwandlung der Welt. Der authentische Geist von Assisi lehnt jede Form von Gewalt ab, ebenso wie den Missbrauch der Religion zur Rechtfertigung von Gewalt. Angesichts einer Welt voller Konflikte, in der viele die Gewalt im Namen Gottes rechtfertigen, ist es wichtig klarzustellen, dass die Religionen niemals Werkzeuge des Hasses werden dürfen. Im Gegenteil: Die Religionen können und müssen Mittel zur Verfügung stellen, um eine friedlichere Menschheit zu schaffen, denn sie können im Herzen der Menschen Frieden stiften.

Benedikt XVI.[5]

Frieden wird erst sein,
wenn Jesus in uns geboren wird,
wenn die grenzenlose Liebe Gottes
durch mich hindurch scheint,
wenn ich selbst der sanfte Wind werde,
der trägt und gibt,
ruhig und klar – und ohne Angst.

Corinna Mühlstedt

VIII RINGEN UM ERNEUERUNG

a Bei sich anfangen

Santa Maria dell'Anima / Papst Hadrian VI.

Die Piazza Navona im Herzen Roms ist zu jeder Tageszeit einen Besuch wert: In Straßencafés gönnen sich Römer eine Auszeit, Touristen fotografieren den berühmten Barock-Brunnen Lorenzo Berninis, Maler bieten Bilder an, Musiker sorgen für eine entspannte Atmosphäre. Seit dem Mittelalter haben in der Gegend um den beliebten Platz viele Ausländer Immobilien erworben: so auch Franzosen, Spanier und Deutsche.

Von der Piazza Navona sind es nur wenige Schritte bis in die schmale Altstadtstraße „Via di Santa Maria dell'Anima". Vor über 600 Jahren entstand hier ein Hospiz für bedürftige Pilger aus dem deutschen Sprachraum, das heißt aus Ländern, die zum „Heiligen Römischen Reich Deutscher Nation" gehörten. Im 16. Jahrhundert errichtete man an derselben Stelle die schmucke Renaissancekirche Santa Maria dell'Anima. Als Martin Luther 1511 Rom besuchte, war sie noch im Bau,

Die Piazza Navona im Herzen der römischen Altstadt, Foto aus dem heiligen Jahr 1925

Altarraum der Kirche „Santa Maria dell´Anima" nahe der Piazza Navona

trotzdem würdigte sie der Reformator in seinen Aufzeichnungen.

1542 wurde die Anima fertig, seither ist sie die Pfarrkirche der deutschsprachigen katholischen Gemeinde Roms. Ihr Wahrzeichen ist damals wie heute eine zierliche Marmorfigur: die „Heilige Maria der Seelen" – auf Italienisch: „Santa Maria dell'Anima". Über dem Hauptportal sieht man eine Kopie, in einer Kapelle am Ende des rechten Seitenschiffs das Original.

Das Ziel unseres Besuchs erreichen wir nur wenige Meter weiter im Altarraum: Denn dort kann man an der rechten Seitenwand ein kunstvolles Halbrelief aus Marmor bewundern, hinter dem sich das Grab Papst Hadrians VI. verbirgt. Der Niederländer war der letzte Papst aus „deutschen Landen" vor Benedikt XVI. Er wurde in Rom 1522 in Abwesenheit zum Nachfolger Petri gewählt. Auf dem Marmorrelief sehen wir, wie Hadrian im August desselben Jahres vom Hafen in Civitavecchia aus Richtung Rom reitet.

Der Weg führte durch Sümpfe mit Malariamücken und erbärmliche Slums. Was der neue Papst sah, bestätigte sicher alles, was er bereits ahnte: Das Elend breiter Volksschichten stand in jähem Gegensatz zu einem päpstlichen Hofstaat, der prunkvolle Feste feierte und mit enormen Summen die Künste förderte. Hadrian bekannte: „Wie gerne hätte ich die Papstkrone ausgeschlagen. Nur die Furcht vor Gott und die Gefahr einer Kirchenspaltung haben mich zur Übernahme dieses Amtes bewogen."

In Rom angekommen, bemüht sich der Niederländer nach Kräften, die Kirche und den Vatikan zu reformieren. Als im Herbst 1522 nördlich der Alpen die Auseinandersetzungen mit den dortigen Reformatoren ihren Höhepunkt erreichen, lässt Hadrian auf dem Reichstag von Nürnberg ein Schuldbekenntnis der

Das Grab Papst Hadrians VI in der Kirche Santa Maria dell'Anima

Kurie verlesen und versichert: „Wir wissen wohl, dass auf diesem Heiligen Stuhl seit Jahren viel Abscheuliches geschehen ist, Missbräuche in geistlichen Dingen, Übertretungen von Geboten, ja, dass zeitweise alles sich zum Argen verkehrt hat. So wundert es nicht, dass die Krankheit sich vom Haupt auf die Glieder, von den Päpsten auf die Prälaten ausgebreitet hat. Wir alle sind vom rechten Weg abgewichen … und wir wollen jeden Fleiß aufwenden, damit zunächst der römische Hof erneuert werde."[6]

Hadrian VI. war kein Anhänger der deutschen Reformation. Er hat Martin Luther und seine Mitstreiter nie persönlich kennengelernt, manche ihrer Thesen sogar verurteilt, vielleicht auch missverstanden. Aber wie Luther und viele andere Ordensleute setzte der niederländische Papst auf eine Erneuerung der Kirche, ja, auf eine Neuorientierung an den Idealen Jesu und des Evangeliums.

Auch in Italien gab es damals längst den sogenannten Evangelismo: eine Aufbruchsbewegung, die sich an der Bibel orientierte und deren Spuren von Venedig über Neapel bis nach Sizilien reichten. Sogar hochrangige Kreise in Rom und in der Kurie gehörten ihr an: Künstler, Geistliche und Intellektuelle. Ob Hadrian Kontakt zu ihnen hatte, wissen wir nicht.

Fest steht nur: Der neue Papst war entschlossen, mit den Reformen bei sich anzufangen und lebte äußerst bescheiden, geradezu asketisch. Zugleich verschlankte er den päpstlichen Hofstaat und schrieb nach Nürnberg: „Wir wollen alle Mühe anwenden, damit zuerst der römische Hof, von dem die Übel wohl ausgingen, reformiert werde. Dann wird auch von hier die Gesundung beginnen. Solches zu vollziehen, fühlen wir uns umso mehr verpflichtet, als die ganze Welt eine solche Reform begehrt!"

Doch so überzeugend Hadrians Einsichten auch klingen, nördlich der Alpen trafen sie 1522 nicht mehr auf offene Ohren. Die Reformation war hier bereits ein Politikum. Man erstrebte Freiheit auf allen Ebenen. Die Zeit der Verhandlungen war vorbei, die Abspaltung der protestantischen Kirchen und Gebiete nicht mehr zu verhindern. Blutige Kämpfe wie der Dreißigjährige Krieg waren die Folge und forderten Zigtausende von Opfern.

Und Papst Hadrian VI.? Er starb nur zwölf Monate und wenige Tage nach seiner Ankunft in Rom am 14. September 1523. Bis heute kursieren im römischen Volk Gerüchte, er sei vergiftet worden. Beweise sind nicht bekannt. Wir stehen vor seinem Grab und fragen uns: Wäre ein Papst wie Hadrian VI. früher gewählt worden oder länger im Amt geblieben, hätte sich die Kirchenspaltung verhindern lassen? Vielleicht.

***

Damals [als Papst Hadrian VI. regierte] hat die Kirche die Herausforderung ihrer Zeit verschlafen? Aber sind wir heute wach und auf Draht? Hören wir auf die Mahnungen des heutigen Papstes [Franziskus]. Die Kirche ist in einer tiefen Krise, einer Krise, die vielleicht noch schlimmer ist, als es die im 16. Jahrhundert war. Sie muss durch das Feuer der Krise hindurch. Es ist ein reinigendes Feuer und ein Weg zu neuem Glanz, wenn wir den Weg der Reinigung und der Buße, den Weg von Reformen, den Weg des Kreuzes gehen. Diesen Weg hat Papst Hadrian damals empfohlen; man ist ihm leider nicht gefolgt. Dieser Weg ist auch heute unausweichlich. Hoffentlich nehmen wir den Ruf der Stunde besser wahr als damals. Hoffentlich warten wir nicht, bis es zu spät ist.

Kardinal Walter Kasper[7]

b Angst überwinden
Johannes Paul II. und sein Grab

Am Petersplatz in Rom herrscht tagsüber Hochbetrieb, abends ist es meist angenehm ruhig. Die Basilika ist geschlossen, nur wenige Römer und Touristen schlendern noch über den weiten Platz und genießen den Blick auf die erleuchteten Brunnen. Doch in der Nacht vor der Heiligsprechung von Papst Johannes Paul II. im Jahr 2011 war alles anders: Die Innenstadt rund um den Vatikan war im Ausnahmezustand, der Verkehr großflächig abgesperrt. Über mehrere Kilometer konnte man nur zu Fuß gehen.

Die Straßen und Plätze bevölkerten an diesem Abend Millionen Pilger aus aller Welt. Viele waren Jugendliche, viele kamen (wie der Papst) aus Polen, keineswegs alle. Aber alle durften mit

Der Petersplatz in Rom in den frühen Abendstunden

Schlafsäcken im Freien kampieren und picknicken. Die meisten nutzten die Zeit vor dem Schlafen, um in kleinen Gruppen zusammenzusitzen. Kerzen wurden angezündet, Gitarren aus dem Gepäck geholt. Man sang und betete. Es war eine ganz besondere Atmosphäre, die eine Ahnung von einer anderen Wirklichkeit gab und zeigte, wie viel Zuwendung die Menschen dem 2005 verstorbenen polnischen Papst entgegenbrachten. Was war der Grund?

Das Pontifikat von Johannes Paul II. dauerte sehr lange (von 1978 bis 2005). In dieser Zeit stieß Karol Wojtyla viele Neuerungen an. Er absolvierte ein enormes Pensum an Reisen, rief Weltjugendtage ins Leben und lud Religionsführer aus aller Welt zu Friedensgebeten nach Assisi ein. Er leistete einen Beitrag zum Fall des Eisernen Vorhangs 1989, überlebte im selben Jahr ein Attentat und mahnte stets aufs Neue: „Nie wieder Krieg!" Im Heiligen Jahr 2000 legte der Papst schließlich im Petersdom ein Schuldbekenntnis ab, in dem er für die Verfehlungen der Kirche gegenüber Andersdenkenden im Lauf von zwei Jahrtausenden um Vergebung bat.

All das brachte ihm im Volk, nicht nur in Rom, sondern weltweit, viele Sympathien ein. Was die Menschen aber weit mehr begeisterte als die kirchenpolitischen Verdienste des Papstes, war etwas anderes: das Gottvertrauen, mit dem er die letzten Jahre seines Leidens an einer schweren Parkinson-Erkrankung ertrug.

„Non abbiate paura!" – „Habt keine Angst!" Diese Worte gab Johannes Paul II. bei Jugendtreffen seinen jungen Fans oft mit auf den Weg. Kurz vor seinem Tod wiederholte er sie noch einmal, bereits schwer von der Krankheit gezeichnet, am Fenster seiner Wohnräume im Vatikan für all jene, die auf dem Petersplatz standen, und bekam dafür tosenden Beifall. Bis heute kann man in römischen Souvenirläden rund um den Vatikan Postkarten und Plakate mit diesem Satz kaufen: „Habt keine Angst!"

In deutschen Medien wurde der kranke Papst, der kaum noch sprechen oder sich auf den Beinen halten konnte, immer wieder aufgefordert zurückzutreten. Mit Blick auf das Funktionieren des Vatikanstaates und auf effiziente kirchenpolitische Entscheidungen war der Wunsch durchaus verständlich. Aber in Italien und in den meisten Ländern außerhalb Deutschlands sah man es anders: Dort nahm man wahr, dass Johannes Paul II. ein Mystiker war, der in seinem Leiden zunehmend eins mit Jesus wurde.

Mosaik-Bildnis Papst Johannes Pauls II in den „Vatikanischen Grotten" unter Sankt Peter

Das einstige Grab Johannes Pauls II in den „Vatikanischen Grotten", heute das Grab seines Nachfolgers, Benedikt XVI.

„Totus tuus" – „Ganz Dein", war das Motto, mit dem Carol Wojtila sich dem Höchsten anvertraute: Gott, Jesus und ebenso Maria. Es war diese Haltung, die es einem sportlichen Mann und brillanten Diplomaten wie ihm ermöglichte, sein Leid anzunehmen und nicht daran zu verzweifeln. Mehr noch: Diese Haltung ließ ihn trotz seines schweren Schicksals für andere zum Zeichen der Hoffnung werden. In einer Welt, die auf Kraft und Jugend, Macht und Fortschritt setzt, hatte sein Beispiel etwas Prophetisches.

Das bewiesen bereits Millionen Pilger, die sich im Jahr 2005 anlässlich seines Todes in Rom versammelten und wenig später sein Grab besuchten. Das Grab von Johannes Paul II. befand sich damals in den Vatikanischen Grotten, einer Art Krypta unterhalb des Petersdoms. Wenn man von der Basilika über eine schmale Treppe in diese Grotten hinabsteigt, kommt man auf einem Rundweg an etlichen Papstgräbern vorbei, auch heute. In einer Nische sieht man eine schlichte Marmorplatte im Boden und liest den Namen von Benedikt XVI.

Genau an dieser Stelle war bis 2011 das Grab Johannes Pauls II., das schon bald nach seinem Tod zum Anziehungspunkt für Pilger aus aller Welt wurde. Eine mehrere Hundert Meter lange Schlange bildete sich, in der Besucher aus allen Kontinenten, keineswegs

Die Autoren haben in Rom sechs Päpste persönlich vor Ort erlebt. Hier Notker Wolf mit Benedikt XVI. bei einer ökumenischen Veranstaltung in San Paolo fuori le mura.

Grab Johannes Pauls II. im Petersdom in der Sebastianskapelle

nur Christen, geduldig warteten, bis sie an diesem Grab ein Gebet sprechen, eine Kerze anzünden, Blumen oder einen Brief hinterlegen konnten.

Berge von Zetteln und Briefen sammelten sich auf dem Grab an, Bitt- und Dankschreiben, in denen Menschen Johannes Paul II. mit tiefem Vertrauen begegneten. Dank all dieser Dokumente konnte die Heiligkeit des verstorbenen Papstes vom Vatikan rasch anerkannt werden.

Nach der Heiligsprechung im Jahr 2011 wurde sein Leichnam in den Petersdom umgebettet, wo er sich auch heute noch befindet: im rechten Seitenschiff in einer Kapelle, die dem heiligen Sebastian, einem frühchristlichen Märtyrer, geweiht ist. Auf den Bänken vor dem schlichten Sarkophag Johannes Pauls II. sieht man stets Gläubige sitzen, zumeist im Gebet versunken. Unter ihnen sind in der Regel auffallend viele Jugendliche.

***

Die Menschen spürten am Verhalten Johannes Pauls II., dass er offen war für Gott. Diese mystische Ausrichtung seiner Seele wurde besonders deutlich in den letzten Jahren seines Leidens. Er wurde durchsichtig für das Transzendente, für die Kraft jenseits des Sichtbaren. Mystische Seelen wie er leben ganz in der Welt und zugleich ganz in Gott. Sie werden dadurch zur Brücke für andere. Sie können Positives vermitteln und bringen in dunkle Momente des Lebens Licht. Das ist nicht ihr Verdienst, sie geben unwillkürlich jene Gaben weiter, die sie selbst von Gott empfangen.

Ein Mitglied der Heiligsprechungskommission
im Interview mit der Autorin

c Gemeinschaft leben

Santa Maria del Carmine und die Fokolare

Die Piazza Venezia im Herzen Roms ist ein lauter Verkehrsknotenpunkt zu Füßen des Kapitols. Zentrale Einkaufsstraßen kreuzen sich. Überfüllte Busse quälen sich durch den nie endenden Verkehrsstrom. Der Lärm der Bauarbeiten an der geplanten neuen Metrolinie „C“ tut den Rest. Ermüdet suchen wir etwas Ruhe abseits des Verkehrs in den verwinkelten Gassen zwischen der Piazza Venezia und der „Via IV Novembre“.

Fast versteckt liegt hier, eingerahmt von Büro- und Wohnhäusern, die kleine Barockkirche „Santa Maria del Carmine“ (bzw. „Santa Maria de Monte Carmelo“) – „Heilige Maria vom

Blick von der Piazza Venezia Richtung Kapitol

Berg Karmel". Wegen Renovierungsarbeiten war sie lange geschlossen. 2022 wurden sie und das angrenzende Gebäude von der Diözese Rom der internationalen Fokolar-Bewegung anvertraut. Seither unterhält die Gemeinschaft hier ein Begegnungszentrum, eine Oase der Ruhe im hektischen Treiben der Stadt.

Die Fokolar-Bewegung wurde gegen Ende des Zweiten Weltkriegs von der italienischen Lehrerin Chiara Lubich in Trient gegründet: „Die Bomben machten damals all unsere Zukunftshoffnungen zunichte", erzählte sie rückblickend, „wir fragten uns, ob es ein Ideal gab, das noch Bestand hatte. Und ich kam zu dem Schluss: Ja, es gibt ein solches Ideal: Gott!"

Chiara und einige Freundinnen beschlossen daraufhin, die Liebe, die Jesus im Evangelium lehrt, zu verwirklichen, indem sie sich ohne Vorbehalte für andere einsetzten. Und zu ihrer Überraschung durften die jungen Frauen erleben, wie sich Worte Jesu in ihrem Alltagsleben erfüllten, so etwa die Verheißung: „Gebt, dann wird euch gegeben!"

Bald schon schlossen sich Chiara Lubich zahlreiche junge Italienerinnen an, die ihre Ideale teilten. Heute zählt die Fokolar-Bewegung mehr als 120 000 Mitglieder und zwei Millionen Freunde in 182 Ländern. Die meisten sind katholisch, etwa zehn Prozent kommen aus anderen Glaubensrichtungen: Unter ihnen sind evangelische und orthodoxe Christen, Buddhisten, Muslime und viele mehr.

Der offizielle Sitz der Bewegung ist in Grottaferrata, einem kleinen Ort in den Albaner Bergen, südlich von Rom. Das neue kleine Zentrum nahe der Piazza Venezia ist für die Fokolare eine willkommene Ergänzung als Anlaufstelle innerhalb Roms, um mit Besuchern aus aller Welt ins Gespräch zu kommen.

Die „Heilige Maria vom Berg Karmel“, dem „Monte Carmelo“ in der kleinen Kirche „Santa Maria del Carmine“ bzw. „Santa Maria de Monte Carmelo“ bei der „Via delle tre Canelle“ in Rom

Die einschiffige Barockkirche Santa Maria del Carmine wurde 1643 eingeweiht. Über dem Altar sehen wir eine dekorative barocke Marienfigur. Die Madonna vom Berg Karmel ist traditionell die Schutzpatronin des Ordens der Karmeliter, dem große mystische Gestalten wie Teresa von Ávila und Johannes vom Kreuz angehörten. Chiara Lubich war ebenfalls eine Mystikerin.

„Wir sind alle dazu aufgerufen, Gott in uns wieder Leben zu schenken … und ihn auf die anderen überfließen zu lassen wie eine Flut von Leben … Denn das Leben ist Liebe“, schrieb Chiara 1949 nach ersten mystischen Erlebnissen. Und sie war zeitlebens überzeugt, dass solch eine „überfließende Liebe“ Frieden und Einheit stiften kann zwischen Völkern, Religionen und Konfessionen. Man muss nur eines tun: sie teilen!

Als Frau hatte es Chiara Lubich in einer von Männern dominierten Kirche anfangs nicht leicht. Doch die Italienerin war stets überzeugt, dass Mann und Frau dazu berufen seien, zusammenzuarbeiten: „Das Männliche und das Weibliche sind komplementäre Kräfte, die sich ergänzen“, meinte sie, „der Mann hat, auch im kirchlichen Bereich, in der Hierarchie, durchaus seine Funktion. Aber die Frau verwirklicht die Liebe. Sie ist das eigentliche Fundament der Kirche, ihr Wesen, ihre Basis.“ Mit viel Mut und dem ausdrücklichen Einverständnis von Papst Johannes Paul II. legte Chiara Lubich daher 1990 im Statut für die Fokolar-Bewegung fest, dass sie stets von einer Frau als Präsidentin geleitet werden soll.

Chiaras unerschütterlicher Glaube an die Überzeugungskraft der Liebe spiegelt sich auch in einer der letzten Initiativen, die sie ins Leben rief: das Netzwerk „Miteinander für Europa“. Es entstand 1999 in Ottmaring bei Augsburg, nachdem führende Vertreter des Vatikans und des Lutherischen Weltbundes dort ein gemeinsames Dokument zur Rechtfertigungslehre unterzeichnet hatten. Die Vereinbarung setzte einen Schlussstrich unter einen fast fünfhundert Jahre währenden Streit zwischen den Konfessionen.

Seither bemüht sich das Netzwerk „Miteinander für Europa“ – „Insieme per l'Europa“, die ökumenische Sehnsucht und die politische Suche nach mehr Einheit zu verbinden. Die Initiative umfasst inzwischen rund 400 christliche Bewegungen aus allen Konfessionen. Sie repräsentieren Millionen europäischer Christen: Anglikaner und Lutheraner, Katholiken, orthodoxe Gläubige, Vertreter der Pfingskirchen sowie viele andere. Gemeinsam engagiert man sich für Arme und Schwache, für eine Wiederbelebung spiritueller Werte in der Gesellschaft und nicht zuletzt für die Versöhnung zwischen den Christen in Ost- und Westeuropa.

Wer mehr über einzelne Aktivitäten erfahren möchte, findet in dem kleinen Zentrum bei Santa Maria del Carmine stets Ansprechpartner. Wer nicht reden möchte, sondern in der schlichten Barockkirche ein Gebet sprechen, im Foyer einen Kaffee trinken oder sich einfach etwas vom Trubel der Stadt erholen will, ist ebenso willkommen.

***

Die Intuition, der wir folgten, war fast so etwas wie eine Erleuchtung. Denn wir haben plötzlich verstanden, was Gott wirklich ist: Liebe! – Vorher war Gott für uns im Grunde weit weg: irgendwo oben im Himmel oder auch in den Sakramenten der Kirche, wir hatten keine wirkliche Beziehung zu ihm. Aber von jetzt an spürten wir seine Gegenwart im täglichen Leben. Alle Erfahrungen, auch schmerzliche, waren von seiner Liebe umfangen.

Chiara Lubich[8]

Lieben –
staunend eine Wahrheit entdecken,
die uns vorher verborgen war.
In unsrer Seele
die Ahnung von einer Einheit,
die wir bisher nicht kannten,
jenseits aller Worte,
jenseits von Raum und Zeit.

Corinna Mühlstedt

IX NEUE PERSPEKTIVEN

a Hoffnung ahnen

Der Friedhof an der Pyramide

Nur wenige Meter neben der „Porta San Paolo“, einem antiken Stadttor im Süden Roms, steht, angelehnt an die damalige Stadtmauer, eine „ägyptische“ Pyramide. Der römische Praetor Gaius Cestius Epulo ließ das markante weiße Monument im Jahr 16 v. Chr. als Grabmal errichten.

Das Gräberfeld um die Cestius-Pyramide in einem Kupferstich aus dem 18. Jahrhundert

Der Platz vor dem Tor ist heute ein Verkehrsknotenpunkt, an dem sich mehrere Bahnlinien kreuzen. Sobald man in eine nach Cestius benannte Nebenstraße einbiegt, wird es ruhiger. Ein paar Hundert Meter weiter stehen wir vor dem Eingangstor des „Nichtkatholischen Friedhofs", des „Cimitero Acattolico". Über einem hohen, mit Efeu bewachsenen Portal lesen wir die lateinische Widmung: „Resurrecturis" – „Denen, die auferstehen werden!" Hinter dem Tor empfängt uns ein romantischer Garten. Die wohltuende Stille wird nur vom unermüdlichen Zirpen der Grillen unterbrochen. Der schwedische Arzt und Schriftsteller Axel Munthe schwärmte gegen Ende des 19. Jahrhunderts: „Kamelien leuchten unter Lorbeer und Geißblatt. Die Myrten stehen in Blüte, und Rosen winden Girlanden um die Stämme der Zypressen. … Schöner Garten, zu dem der Wanderer seine Schritte lenkt: Ist das der Friede des Traumlands?"[9]

Das Areal um die Cestius-Pyramide heute. Im Hintergrund die Porta San Paolo

Ein Engel aus Marmor, den der Bildhauer William Story seiner Frau widmete

Zwischen Gräsern und Blumen wandern wir, vorbei an Grabmonumenten, zur Gedenktafel für Axel Munthe. Sie hängt im ältesten Teil des Friedhofs, der an die Cestius-Pyramide angrenzt. Dort sehen wir auch das Grab des englischen Poeten John Keats, der in Rom 1821 mit nur 26 Jahren an Tuberkulose starb. Kleine Blumen stehen rund um einen Grabstein mit der Inschrift: „Hier liegt einer, dessen Name auf Wasser geschrieben wurde."

Ganz in der Nähe erinnern Gräber in Form von abgebrochenen Säulen daran, dass Wilhelm von Humboldt hier zwei Kinder bestatten musste, als er Gesandter Preußens am Heiligen Stuhl war. Unterhalb der Stadtmauer fällt uns ein wunderschöner trauernder Engel aus Marmor auf: Der amerikanische Bildhauer William Story schuf ihn für die letzte Ruhestätte seiner Frau.

Schließlich kommen wir zum Grab des jung verstorbenen Dichters Percy Shelley. „Man könnte sich in den Tod verlieben, wenn man an einem solch lieblichen Ort begraben wird“, schrieb Shelley noch zu Lebzeiten über diesen außergewöhnlichen Friedhof. Und seine Frau Mary notierte später in einem Brief: „Percy lebt auch jetzt und ist sogar oft mit mir zusammen. Er war ein großer Geist, gefangen hier auf Erden. Aber jetzt ist er frei und glücklich! Ich bin es noch nicht. Aber ich hoffe, eines Tages würdig zu sein, ihm zu folgen.“[10]

Der Schmerz der Hinterbliebenen steht hier in einem seltsamen Widerspruch zu der tröstlichen Atmosphäre der Gräber, die Hoffnung und Geborgenheit vermitteln. Wir spazieren weiter und entdecken einen schlanken, hohen Grabstein zwischen zwei Zypressen. Der Bildhauer Bertel Thorvaldsen gestaltete ihn im Auftrag Johann Wolfgang von Goethes für dessen Sohn Julius August. Wir lesen: „Goethe filius, patri antevertens“ – „Goethes Sohn, dem Vater vorauseilend“.

Ob Anglikaner oder Lutheraner, orthodoxe Christen oder Angehörige nicht-christlicher Religionen: Sie alle durften in Rom bis weit ins 19. Jahrhundert hinein laut den damaligen Verordnungen des Kirchenstaats nicht in der geweihten Erde eines katholischen Friedhofs bestattet werden. Nur ein unauffälliges Begräbnis am Rand der Stadt und im Schutz der Nacht wurde geduldet.

Zeitgenössische Künstler haben die Szenen auf dem Gelände vor der Porta San Paolo eindrucksvoll festgehalten: Fackeln spendeten der kleinen dort versammelten Gemeinde etwas Licht. Ein Pfarrer war in der Regel nicht anwesend. Kreuze oder andere christliche Symbole waren verboten. Nach der Beisetzung blieben die Gräber ohne Schutz zurück.

Der Bildhauer Thorvaldsen schuf dieses Grabmal für Goethes Sohn Julius August

All dies änderte sich erst im 19. Jahrhundert schrittweise, nicht zuletzt dank guter Beziehungen, die Wilhelm von Humboldt zum Päpstlichen Hof pflegte. Nach und nach konnte das wilde Gelände an der Stadtmauer nun von einer schützenden Mauer eingefasst und dekorativ gestaltet werden. Inzwischen wurde es ein Stück Heimat für Menschen aus aller Welt. Die meisten kamen aus Deutschland nach Rom, andere aus England, Russland, Schweden, Norwegen und den USA.

Im Südwesten des Friedhofs sehen wir das deutsche Nationalgrab, in dem bis heute viele Mitglieder der evangelischen Gemeinde die letzte Ruhe finden. Einige Schritte weiter steht unter Palmen eine Kapelle aus roten Backsteinen, wie man sie aus nordeuropäischen Ländern kennt.

Auf schmalen Kieswegen wandern wir im Schatten der mächtigen Pinien und Zypressen zurück Richtung Ausgang. Etwa fünftausend Menschen aus allen Kontinenten wurden bislang hier beigesetzt. Knapp zehn Prozent waren keine Christen. Unter den blauen Blüten einer Glyzinie finden wir auf einer Grabplatte arabische Schriftzeichen und eine Koran-Sure: „Für wahr, wir gehören Gott – und für wahr, wir werden zu ihm zurückkehren!“

Japanische und chinesische Inschriften erzählen von den Idealen fernöstlicher Religionen. Das Grab zweier Brüder zieren ein jüdisches und ein christliches Symbol. Man spürt eine Atmosphäre des Friedens, die weit über einzelne religiöse Ideale hinausreicht. Als wir den Cimitero Acattolico wieder verlassen, lesen wir noch einmal die Zusage über seinem Eingangstor, die besagt, dass dieser paradiesische Ort für alle, die hier liegen, nur ein Ort des Durchgangs ist, der in das wahre Paradies führt: Sie werden auferstehen!

***

Der Grund, auf dem Du schreitest, ist heilig! Hier lebt die Erinnerung an jene, die einst Menschen waren! Von weit her kamen die schweigenden Schläfer, weit um die Welt sind ihre beflügelten Gedanken geflogen, bevor sie sich hier zur ewigen Ruhe sammelten. Viele Länder haben sie großgezogen, viele Wege führten sie weit durch das Leben, über sonnenbeschienene Höhen und durch die Schatten der Täler, im Triumph des Glücks oder gebeugt unter der Last der Leiden, bis sie schließlich hier ihr Ziel erreichten.

Axel Munthe[11]

Ich lebe hier [in Rom] mit einer Klarheit und Ruhe, von der ich lange kein Gefühl hatte … Heute war ich bei der Pyramide des Cestius und abends auf dem Palatin, oben auf den Ruinen der Kaiserpaläste … Wahrlich, hier gibt es nichts Kleines … Kehr ich nun in mich selbst zurück, so entdecke ich ein Gefühl, das mich unendlich freut … Mir wenigstens ist es, als ob ich die Dinge der Welt nie so richtig geschätzt hätte als hier. Ich freue mich auf die gesegneten Folgen auf mein ganzes Leben.

Johann Wolfgang von Goethe[12]

b Versöhnung wagen
Die Christuskirche

Wir laufen in Rom die berühmte Via Veneto hoch und biegen kurz vor der Porta Pinciana rechts in die Via Sicilia ein. Nun sind es nur noch zwei Häuserblöcke, und wir erreichen die evangelisch-lutherische Christuskirche. Nach langem Ringen mit staatlichen und kirchlichen Stellen konnte sie 1922 eingeweiht werden. Die deutschen Lutheraner hatten damit in der Ewigen Stadt endlich ein offizielles Zuhause!

Bei der Gestaltung der Kirche sollten laut diverser Anweisungen aus dem Norden die Künstler deutsch-protestantischer „Nüchternheit" ebenso Rechnung tragen wie dem mediterranen katholischen „Umfeld". Eine Gratwanderung, die glückte: Auf der strengen Fassade aus Travertin-Stein sehen wir Jesus zwischen den beiden Schutzpatronen Roms, den Aposteln Petrus und Paulus.

Als wir die für römische Verhältnisse kleine Kirche betreten, kommen wir in einen einladenden, mit Goldmosaiken geschmückten Innenraum, der an alte Basiliken in Venedig, Ravenna oder Rom erinnert. Von der Apsis aus sieht uns Christus als Weltenherrscher prüfend an: Er thront auf einer Erdkugel, über die sich ein Regenbogen wölbt. Ein Symbol der Versöhnung. Die rechte Hand hat er zum Segen erhoben, in der linken hält er ein Buch mit den Anfangs- und Endbuchstaben des griechischen Alphabets: Alpha und Omega.

Bemerkenswert ist, dass um Jesus herum – anders als in Rom sonst üblich – weder Heilige noch Kirchenstifter oder Päpste zu sehen sind. Die künstlerische Gestaltung spiegelt das Motto der Reformation: „Solo Christus" – „Christus allein". Nur an ihm, an seinem Vorbild und seiner Lehre, die in der Bibel festgehalten ist, sollte sich der Glaube ausrichten.

Die geschwungenen grünen Blatt-Ranken, die um Jesus herum die Apsis dekorativ ausfüllen, erinnern nicht zuletzt an römische Kirchen wie San Clemente. Während aber dort Blumen und Früchte, Tiere und Menschen die Ranken bevölkern, sieht man in der Christuskirche nur Pinienzapfen. Mit diesem antiken Fruchtbarkeitssymbol schlägt der Künstler (Ernst Christian

Christus als Weltenherrscher, Mosaik in der Apsis der lutherischen Christuskirche an der Via Sicilia

Deckenrosette in der Christuskirche

Pfannenschmidt) erneut eine Brücke zur jahrtausendealten Kultur des Mittelmeerraums. Vom Gewölbe strahlen wiederum goldene Mosaiken. Den Mittelpunkt bildet ein gleichschenkliges Triumphkreuz, umgeben von einer schönen Rosette. Das Symbol sagt einmal mehr: Christus lebt!

Der Bau der Christuskirche war alles andere als selbstverständlich. Denn wie gesagt gab es im Kirchenstaat bis weit ins 19. Jahrhundert hinein keine Religionsfreiheit. Evangelischer Christen wurden zwar geduldet, evangelischer Gottesdienst aber keineswegs. 1817 fand zum 300-jährigen Reformationsjubiläum der erste halb-offizielle lutherische Gottesdienst statt: in der Privatwohnung des damaligen Sekretärs der Preußischen Gesandtschaft am Heiligen Stuhl, Karl Josias von Bunsen.

1823 wagte man erstmals im Erdgeschoss der Gesandtschaft, die sich zu jener Zeit auf dem Kapitol im Palazzo Caffarelli befand, eine Kapelle für evangelische Gottesdienste einzurichten. Zeitgenossen berichten, dass der Raum äußerst schlicht gestaltet war. Schließlich finanzierte der preußische König Wilhelm III. einige Ausstattungselemente:

Zu ihnen gehört ein Taufstein des dänischen Bildhauers Bertel Thorvaldsen. Er zeigt die Taufe Jesu und steht heute im rechten Seitenschiff der Christuskirche. Eine lateinische Inschrift auf der Taufschale zitiert ein Gedicht aus dem 5. Jahrhundert, das man im Baptisterium der Lateran-Basilika findet: „Dies ist der Quell des Lebens, er durchfließt die ganze Welt … Die durch Christus wiedergeboren werden, trennt nichts mehr. Eins sind sie in einer Taufe, einem Geist, einem Glauben!"

Die Sehnsucht nach Einheit unter den Christen, die diese Inschrift ausdrückt, erfasste im Zweiten Vatikanischen Konzil auch die katholische Kirche: Der Vatikan öffnete sich seither zunehmend für die Ökumene, und die Lutheraner antworteten darauf nur zu gerne positiv. Dinge wurden möglich, die zuvor undenkbar schienen:

Im Dezember 1983 betrat erstmals ein Papst die Christuskirche und feierte zusammen mit der lutherischen Gemeinde einen Gottesdienst: Johannes Paul II. Seinem Vorbild folgten 2010 Benedikt XVI. und 2015 Papst Franziskus. Letzterer schenkte der Gemeinde der Christuskirche zu diesem Anlass einen Abendmahlskelch mit einer Patene (einer Hostienschale): Symbole der Hoffnung, dass man in absehbarer Zeit das Herrenmahl gemeinsam feiern wird.

Regelmäßige ökumenische Veranstaltungen sind in Rom inzwischen selbstverständlich: 2017 gedachte man des 500. Jahrestags

Taufstein in der Christuskirche von dem Bildhauer Bertel Thorvaldsen gestaltet

der Reformation in der Christuskirche mit einem ökumenischen Festgottesdienst und Gästen aus dem Vatikan. 2023 feierte man das 100-jährige Bestehen der Kirche ebenfalls ökumenisch.

Ein weiteres Zeichen wachsender Verbundenheit ist das Studienprojekt des Melanchthonzentrums, des „Centro Melantone“, das von Lutheranern und Waldensern gemeinsam ins Leben gerufen wurde. Es ermöglicht alljährlich rund einem Dutzend evangelischen Studentinnen und Studenten aus Ländern nördlich der Alpen ein Studienjahr an den Päpstlichen Hochschulen Roms.

Wer heute in Deutschland über mangelnde Fortschritte in der Ökumene klagt, den kann man ermutigen, nach Rom zu kommen. Denn freilich sind so manche dogmatischen Probleme auch hier noch ungelöst. Aber mit Dialogbereitschaft und wechselseitigem Respekt ist eine geistige Ökumene gewachsen, die auf Versöhnung und Verständnis basiert, eine spirituelle Atmosphäre, von der vor 200 Jahren noch keiner zu träumen wagte.

***

Die evangelisch-lutherische Gemeinde hier mitten in Rom ist so etwas wie ein ökumenischer Biotop. Wenn man sich unmittelbar begegnet und von Gesicht zu Gesicht kennt, dann werden alle alten Vorurteile und Berührungsängste überwunden. Dann wachsen Vertrauen und Freundschaft. Und dann kommt erst die tiefe Sehnsucht auf, dass zusammenwächst, was eigentlich zusammengehört … „Geeint und dennoch verschieden" – darauf muss es irgendwie hinauslaufen. Wir hoffen, wir beten, wir arbeiten dafür – gemeinsam.

Walter Kardinal Kasper[13]

Wege weisen
über Abgründe hinweg,
im Schweigen
eine Sprache finden,
die zueinander führt.
Lasten tragen – gemeinsam,
Zeichen setzen
für eine neue Wirklichkeit.
Brücke sein,
denn Leben ist Übergang.

Corinna Mühlstedt

c Samenkorn sein
San Pietro in Vaticano

Zu den stärksten Kraftorten innerhalb Roms gehört zweifelsohne der Petersdom. Wenn man als Pilger zum ersten Mal den Petersplatz mit den einladenden Arkaden-Armen von Lorenzo Bernini betritt, verschlägt es einem meist den Atem. Die Architektur beeindruckt ebenso wie die Liebe, mit der so viele künstlerische Details ausgearbeitet wurden. In gewisser Weise atmen der Platz und die Basilika etwas von der Weite und Schönheit des Himmels, auf den sie verweisen möchten.

Noch deutlicher wird das, wenn man die Perspektive wechselt, über endlose Stufen (oder mit dem Lift) das Dach der Basilika erklimmt und von dort aus den Aufstieg bis zur Spitze des „Cupolo-

Die Piazza San Pietro in einem Kupferstich aus dem 18. Jahrhundert

Die imposante Kuppel des Petersdoms, die Michelangelo im 16. Jahrhundert gestaltete, von außen und von innen betrachtet

ne“, der von Michelangelo entworfenen mächtigen Kuppel, wagt. Von hier oben ist der Blick über die Ewige Stadt bis zu den Albaner Bergen einfach umwerfend, und man versteht einmal mehr, warum sie einst den Beinamen „Caput mundi“ erhielt: „Haupt“ und Zentrum der Welt!

Nicht weniger faszinierend ist es, von der Kuppel aus im Petersdom nach unten Richtung Papstaltar zu schauen und sich klarzumachen: Einige Meter unter diesem Altar, der von einem majestätischen Baldachin bedeckt wird, befindet sich tief im Boden ein einfaches Erdgrab, das wie ein Samenkorn Anlass zum „Wachsen“ all der darüberliegenden Bauten gab. Denn dort wurde gemäß alten Überlieferungen der Apostel Petrus beigesetzt.

Das Grab liegt in einer antiken Totenstadt und war jahrhundertelang verschüttet. Erst in der Mitte des 20. Jahrhunderts wurde es von Archäologen freigelegt. Heute kann man die Ausgrabungen rund um diese Totenstadt, die sogenannte Vatikanische Nekropole, besuchen, allerdings nur mit einer Führung und nach vorheriger Anmeldung. Der Zugang befindet sich auf der linken Seite der Basilika. Er liegt vis-à-vis des „Campo Santo Teutonico“, eines idyllischen kleinen Friedhofs unter Palmen, in dem seit dem 8. Jahrhundert Deutschrömer und Pilger aus dem deutschen Sprachraum das Recht auf ein Begräbnis haben.

TIPP
Wer an einer solchen Führung Interesse hat, sollte sich unbedingt frühzeitig an die entsprechende vatikanische Behörde, das „Ufficio Scavi“ wenden. Denn die Zahl der Plätze in den Führungen ist aus Sicherheitsgründen stark begrenzt. Alle Angaben zum Ufficio findet man im Internet.

Der kleine Platz zwischen dem Campo und dem Petersdom trägt den ungewöhnlichen Namen „Piazza dei Protomartiri Romani“ – „Platz der ersten christlichen Märtyrer Roms“. Im 1. Jahrhundert lag hier ein privater Zirkus des

Blick auf den Petersdom vom Campo Santo Teutonico an der Südseite aus

Kaisers Nero, in dem zahllose Christen starben, die man nach dem großen Brand in Rom im Jahr 64 als Brandstifter verklagt hatte. Unter ihnen, so vermutet man, war auch der Apostel Petrus, der dann zusammen mit anderen in der Nekropole neben dem Zirkus begraben wurde.

Um dem Grab näher zu kommen, müssen wir über eine enge Treppe in das dunkle Labyrinth der Vatikanischen Nekropole hinabsteigen. Hier, tief unter der Basilika, verläuft eine schmale Gasse zwischen zahllosen kleinen Grabhäusern, von denen die meisten im 2. und 3. Jahrhundert gebaut wurden. Sie mündet in einen Grabhof mit einfachen Erdgräbern, die sich um ein zentrales Grab scharen, eben das Grab des Apostels.

Im 4. Jahrhundert ließ Kaiser Konstantin über diesem Grab und der Nekropole die erste Basilika errichten. Die antike Totenstadt wurde dabei zugeschüttet und blieb eineinhalb Jahrtausende unter der Erde verborgen. Ab 1939 kam sie dank Ausgrabungen wieder zum Vorschein, und man konnte nur staunen, wie gut einige künstlerische Details erhalten waren:

Als wir durch die unterirdischen Räume laufen, sehen wir bunte Wandmalereien, elegante Marmorsarkophage, verzierte Urnengefäße und vieles mehr. All diese Details geben spannende Einblicke in die Vielfalt der damaligen Glaubenswelt: Menschen verschiedener religiöser Traditionen liegen hier friedlich nebeneinander. Wir erkennen den ägyptischen Gott Horus mit dem kreuzförmigen Lebenssymbol, dem Anch. Einige Meter weiter sehen wir Gestalten aus der griechischen Mythologie, wie Dionysos oder Persephone, die nach damaliger Meinung im Frühjahr das Leben auf die Erde zurückbrachten.

Ein kleines Mausoleum bietet wiederum ein schönes Zeugnis der Auferstehungshoffnung früher Christen: Es zeigt Christus im Gewand eines antiken Sonnengottes (siehe Bild auf der folgenden Seite). Die Strahlen hinter seinem Kopf bilden ein Kreuz. Weinranken gehen aus ihnen hervor: Wie die Sonne abends im Meer versinkt, um am nächsten Morgen wieder am Himmel aufzusteigen, hatte nach damaligen Vorstellungen auch Christus den Tod hinter sich gelassen. Und ebenso würde er – so die Erwartung damaliger Christen – dereinst alle, die an ihn glauben, mit in sein ewiges Leben hineinnehmen.

Je näher wir dem Petrusgrab kommen, desto mehr christliche Motive kann man an Gräbern oder Mauern finden: Gebetsanrufungen, Kreuze, biblische Symbole, auch der Name „Petrus" ist zu sehen. Nicht zuletzt wurde in einer Stützmauer neben dem Grab ein Fach entdeckt, in dem die Reste der Gebeine eines älteren Mannes aufbewahrt wurden, der im 1. Jahrhundert starb.

Christus im Gewand des antiken Sonnengottes Helios, Mosaik in der Vatikanischen Nekropole

Nach Meinung einiger Fachleute könnte es sich um die sterblichen Überreste des Apostels handeln.

Manches spricht für diese These, beweisen lässt sie sich nicht. Wer aber die Atmosphäre in der Nekropole auf sich wirken lässt, wird feststellen: Die Frage, ob es sich hier um die „echten" Reliquien des Apostels handelt, ist zweitrangig. Viel wichtiger ist die Tatsache, dass unzählige Pilger seit fast zweitausend Jahren mit ihren Ängsten, ihren Hoffnungen und ihrem Glauben hierherkamen. Für sie alle war Petrus eine Gestalt, die im Leben wie im Tod auf Jesus verwies, ein Mensch mit vielen Schwächen, der aber durch sein Gottvertrauen zum Wegweiser wurde.

***

Das Zentrum unseres Lebens ist die Auferstehung Jesu, die Überwindung von Leiden, Sünde und dem Tod am Kreuz. Für uns Christen ist das selbstverständlicher Glaube, so sind wir aufgewachsen. Wir kennen auch wunderbare künstlerische Darstellungen, die aus diesem Glauben hervorgegangen sind. Aber ist dieser Glaube so selbstverständlich? De facto wird dieser Glaube heute von vielen in Frage gestellt, vielen sagt er nichts mehr. Unser Glaube basiert auf Vertrauen, auf Zeugen der Auferstehung (wie Petrus), besser gesagt: auf Zeugen, die Jesus nach dem Tod als „Lebenden" erfahren haben. … Das Kreuz gehört weiterhin zu dieser Welt. Unser Glaube befreit uns nicht von den Fesseln dieser Welt. Aber er befähigt uns, Jesus auf seinem Weg der Hingabe an die Menschen nachzufolgen. Es ist ein Glaube, der einen Weg selbstloser Liebe eröffnet und dadurch unsere Welt menschlicher macht. Wo das gelingt, ist Hoffnung. Wo das gelingt, kann Glaube auch heute überzeugen.

Notker Wolf in einer Osterpredigt

Antikes Orpheus-Mosaik in der Benediktiner-Hochschule von Sant'Anselmo auf dem Aventin

X LOSLASSEN UND FREI WERDEN

a Sterben, um zu leben

Der Aventin und Sant'Anselmo

Der Aventin gehört zu den sieben Hügeln, auf denen das antike Rom der Überlieferung nach errichtet wurde. Auf der äußersten Spitze dieses Hügels steht weithin sichtbar seit über einhundert Jahren die Benediktiner-Hochschule von Sant'Anselmo mit der gleichnamigen Kirche. Ihr angegliedert ist der Sitz der weltweiten Benediktinischen Konföderation, die 1893 auf Wunsch von Papst Leo XIII. gegründet wurde. Ihr oberster Repräsentant ist ein gewählter Abtprimas.

Auf den Aventin fahren keine öffentlichen Verkehrsmittel, wir sind daher zu Fuß unterwegs. Unser Ziel ist ein antikes Fundstück in Sant'Anselmo, dem oft wenig Beachtung geschenkt wird, das aber hochinteressante Geschichten erzählen kann. Es handelt sich um ein Bodenmosaik, das den legendären Sänger Orpheus im Kreis wilder Tiere zeigt, die kommen, um ihm zu lauschen.

Der Gebäudekomplex von Sant'Anselmo steht auf den Fundamenten eines römischen Wohnhauses aus dem 2. Jahrhundert.

Blick auf Sant'Anselmo vom Monterverde aus

Das besagte Mosaik wurde bei Bauarbeiten gefunden und ziert heute einen Korridor im Eingangsbereich der Hochschule. Im frühen Christentum sah man in der Musik des Orpheus ein Symbol für die christliche Botschaft, die auf alle anziehend wirkt. Bei den Benediktinern stieß diese Idee auf viel Sympathie. Steht doch der Appell, auf Gott zu „hören", am Anfang der Regel Benedikts.

Als wir das Mosaik genauer betrachten, schmunzeln wir angesichts des exotischen Zoos, der sich rund um Orpheus versammelt hat: Wir können unter anderem Löwen und Elefanten, Affen und Kamele, Schildkröten und Echsen identifizieren, kurzum Tiere aller Kontinente. Für eine internationale Einrichtung wie Sant'Anselmo scheint das passend.

Allerdings hat die Gestalt des Orpheus in der antiken Mythologie auch eine dramatische Seite: Die Götter hatten ihm, beeindruckt von seinem Gesang, gestattet, in das Schattenreich der Unterwelt hinabzusteigen, um dort seine verstorbene Braut Eurydike zu suchen. Der Held fand die Geliebte zwar, schaffte es aber nicht, sie ins Leben zurückzuholen. Immerhin durfte er die Unterwelt wieder unversehrt verlassen. In der Antike wurde Orpheus daher auch zum Sinnbild für die Kraft einer Liebe, die den Tod überwindet. Und manche Christen sahen in ihm sogar ein Symbol für Jesus, der vollendet, was im Mythos nur anklingt.

Gemäß der Bibel zog sich Jesus vor seinem Leidensweg, der ihn durch den Tod hindurch zur Auferstehung führte, vierzig Tage in die Wüste zurück. Die kirchliche Fastenzeit, die alljährlich am Aschermittwoch beginnt, steht für diese Phase der Vorbereitung.

Notker Wolf begrüßt Papst Franziskus bei einem Aschermitwochsbesuch in Sant'Anselmo

Notker Wolf vor einer Grabinschrift, die Leben nach dem Tod verheißt, in der Basilika Santa Sabina auf dem Aventin.

Sant'Anselmo erhält an diesem Tag stets hohen Besuch: Der Papst kommt dann zu den Benediktinern und zieht mit ihnen betend in einer langen Prozession über den Kamm des Hügels Aventin bis zur Basilika Santa Sabina. Dort feiert er eine Messe, bei der er allen Anwesenden ein Aschenkreuz auf die Stirn zeichnet. Es soll sie an die Vergänglichkeit des irdischen Daseins erinnern und an den Weg Jesu, der alle Christen durch den Tod zum wahren Leben führt.

Die Kirche Santa Sabina entstand im 5. Jahrhundert. Im Kloster neben der Basilika ist heute der Sitz des Dominikanerordens. Hinter der Kirche kommen wir in den berühmten Orangengarten, den „Giardino degli Aranci". Die reifen, leuchtend orangen Früchte der Bäume sind von jeher ein Sinnbild der Fülle und des Lebens. Auf einer Aussichtsterrasse am Rand des Gartens öffnet sich ein traumhafter Blick Richtung Sankt Peter. Im Sommer finden dort oft Konzerte statt.

Die Lebensfreude, die wir hier beobachten, steht in einem eigenwilligen Gegensatz zu den Aschermittwochs-Prozessionen und zu alten Inschriften, die in Santa Sabina mahnen, das Sterben stets im Blick zu behalten. „Alles ist im Wandel!", lesen wir auch über einer Einfahrt neben dem Orangengarten. „Memento mori!", lautete ein monastisches Prinzip des Mittelalters: „Mensch, bedenke, dass Du sterblich bist!" Der Sinn dieser Übung, der uns heute oft aus dem Blick geraten ist, besteht darin, angesichts der Unausweichlichkeit des Todes schon jetzt falsche Ideale „sterben" zu lassen, um sich auf das wahrhaft Gute und Schöne zu konzentrieren.

In Rom versteht man diese Ambivalenz von jeher zu leben. Anders als wir Deutsche betrachtet der Römer das Dasein nicht aus nüchterner Distanz, sondern springt hinein, wohl wissend, dass morgen alles vorbei sein kann. Die Ewige Stadt hat Kriege

Corinna Mühlstedt im Giardino degli Aranci, im Hintergrund die Kuppel des Petersdoms

und Plünderungen, Vandalen und die Pest überstanden. Was also sollte man fürchten? Nichts, zumindest so lange nicht, wie man im Glauben verankert ist und sich selbst nicht zu wichtig nimmt. Anders gesagt: solange man stets aufs Neue bereit ist, seine Egozentrik aufzugeben.

Blicken wir vor diesem Hintergrund noch einmal zurück nach Sant'Anselmo: Mehr als eineinhalb Jahrtausende sind vergangen, seit ein junger Student namens Benedikt das eitle, an Geld und Macht orientierte Treiben in Rom frustriert verließ, um in den Bergen, allein mit Gott, nach dem wahren Sinn seines Daseins zu fragen. Die Ordensregel, die er schließlich entwarf, wurde zur Grundlage für die Entwicklung des abendländischen Mönchtums und weit darüber hinaus.

Mehr als 20 000 Benediktiner und Benediktinerinnen rund um den Erdball leben heute nach dieser Regel. Die Hochschule von Sant'Anselmo besuchen derzeit mehr als 600 Studenten und Stu-

Eine barocke Statue des heiligen Benedikt, die den Bombenangriff in Montecassino überlebt hat und bis heute dort steht.

dentinnen aus neunzig Ländern. Es ist eine faszinierende Entwicklung, angesichts derer man nur dankbar staunen kann. An ihrem Anfang steht der Entschluss eines jungen Mannes, dem oberflächlichen Leben seiner Zeit zu „sterben“ und Gott zu suchen.

***

Die Kirche wird heute vielfach angegriffen. Ihre Bedeutung in der Welt wird in Frage gestellt. Kirchenmänner haben Angst und starren verunsichert auf die Vertrauensquoten bei Umfragen: Ist die Kirche noch „systemrelevant“? – Aber wir vergessen dabei oft: Die wirkliche Bedeutung der Kirche besteht nicht in ihrer weltlichen Macht, sondern in der Autorität Christi, im Dienen nach seinem Vorbild. Die Welt hungert nach Zeugnissen selbstloser Liebe. Menschen blühen auf, wo sie diese erfahren: am Krankenbett, in den Slums, im kleinen zwischenmenschlichen Bereich von Familie, Beruf oder Freundschaft. Es bleibt oft eine Selbstaufgabe, ein Verzicht auf sich selbst. Aber wo das gelingt, ist es ein Sich-Verlieren um des Himmelsreiches willen. Eine Kirche, die, all ihrer Macht entkleidet, den Menschen und der Welt dient, hat ihre Berechtigung. Unsere Welt braucht den prophetischen Dienst, das prophetische Wort der Kirche. Nicht der Mensch, sondern Gott hat das letzte Wort. Diese Wahrheit hat die Kirche zu leben, dann hat sie Bedeutung, und dann wird sie auch andere überzeugen.

Notker Wolf

b Grenzen sprengen
San Gregorio und Mutter Teresa

Als wir vom Aventin hinunterwandern zum Zirkus Maximus, sehen wir rechter Hand den Hügel Celio. Vom Zirkus aus ist es nur ein kurzer Weg den Hügel hinauf, dann erreichen wir die Renaissancekirche „San Gregorio". Sie ist nach Papst Gregor dem Großen benannt, denn das Gelände rund um diese Kirche gehörte einst seiner Familie. Sein elterliches Wohnhaus, das hier lag, verwandelte Gregor im 6. Jahrhundert in ein Kloster, in dem man nach der Regel Benedikts lebte: das Andreas-Kloster. Wenig später wurde er, im Jahr 590, zum Papst gewählt.

Es war eine chaotische Zeit, in der Rom und die Kirche mit unzähligen Gefahren ringen mussten: Hungersnöte, Pestepidemien

Die Kirche „San Andrea e Gregorio al Monte Celio", in Rom meist kurz „San Gregorio" genannt, mit dem angrenzenden Benediktinerkloster (rechts)

und feindliche Heere bedrohten die Stadt. Gregor erwarb sich großes Ansehen, weil er es verstand, einen kontemplativen Lebensstil mit tätiger Hilfe für die Armen und einer klugen Kirchenpolitik zu verbinden. Er pflegte intensive Kontakte mit Konstantinopel und den Ostkirchen, außerdem sandte er vierzig Mönche nach England, um dort friedlich das Christentum zu verbreiten – mit Erfolg.

Heute sind die Basilika „Santi Andrea e Gregorio al Monte Celio“ und das angeschlossene Benediktinerkloster Orte ökumenischer Begegnungen und Gespräche. Seit dem 16. Jahrhundert leben hier Mönche der Benediktinischen Kongregation von Camaldoli, die vor über eintausend Jahren von dem Einsiedler Romuald in der Toskana gegründet wurde. Sie verbindet das Ideal des benediktinischen Gemeinschaftslebens in besonderer Weise mit der Sehnsucht nach Ruhe, Einsamkeit und Meditation.

Zu Camaldoli gehören inzwischen auch mehrere Klöster außerhalb Italiens, so etwa in den USA, in Brasilien und in Indien. Eines von ihnen ist der Ashram von Shantivanam im südindischen Bundesstaat Tamil Nadu, der das Gespräch mit dem Hinduismus sucht. Nach dem Zweiten Vatikanischen Konzil habe man sich in Camaldoli zunehmend für den interreligiösen Dialog geöffnet, berichtete uns einmal der Generalobere der Kongregation, Alessandro Barban: „Damals haben wir erkannt, dass das Ordensleben eine hervorragende Basis für einen interreligiösen Austausch ist. Denn es gibt in allen großen Religionen Mönche. Und wir verstehen uns in aller Welt auf den ersten Blick: seien wir buddhistische oder christliche Ordensleute, Hindu-Geistliche oder muslimische Sufis. Denn wir teilen dieselbe Erfahrung des Schweigens, der Meditation und des Gebets.“

Als Papst Johannes Paul II. 1993 San Gregorio besuchte, würdigte er dieses Engagement der Benediktiner ausdrücklich: „Sich für Gott entscheiden heißt auch, in Demut und Geduld den ökumenischen und interreligiösen Dialog pflegen. Eure Gemeinschaften sind seit vielen Jahren in dieser spirituellen Suche aktiv, die vom Gebet und von gegenseitigem Respekt getragen wird. Eure Klöster sind Zentren der Gastfreundschaft!“

Seit den 1970er Jahren teilen die Benediktiner von San Gregorio ihren Besitz mit den Schwestern von Mutter Teresa, den „Missionarinnen der Nächstenliebe“. Sie haben neben der Kirche ein bescheidenes Kloster aufgebaut, von dem aus sie sich – wie einst Gregor der Große – um Arme und Obdachlose kümmern.

Während wir die breite Freitreppe zur Basilika von San Gregorio hinaufsteigen, sehen wir links ein schmiedeeisernes Tor mit einem Schild: „Missionarie della Carità“. Hinter dem Tor kom-

Vor San Gregorio führt auf der linken Seite eine Treppe zum Eingang des Klosters der „Missionarinnen der Nächstenliebe“

men wir in einen romantischen Garten. Ein schmaler Weg führt weiter zu einer kleinen Tür mit einer Klingel. Wenn ihre Zeit es erlaubt, öffnen die Schwestern in ihren weiß-blauen Saris sie bereitwillig für interessierte Besucher.

Ihr Kloster ist nach indischem Vorbild äußerst schlicht und besteht aus einfachen ebenerdigen Räumen. Gerne zeigen die Schwestern Gästen eine winzige Zelle, in der sich Mutter Teresa aufhielt, wenn sie in Rom war. Der Raum, in dem die Ordensfrau, die 2016 heiliggesprochen wurde, dann lebte, ist kaum zwei mal drei Meter groß: ein Bett, eine Kommode, ein Kreuz an der Wand. Das ist fast schon alles.

Agnes Gonxha Bejaxhiu – wie Mutter Teresas bürgerlicher Name lautet – wurde in Skopje, im heutigen Mazedonien geboren und trat dort mit achtzehn Jahren ins Kloster ein. 1929 schickte man sie als Lehrerin nach Kalkutta. Angesichts des unbeschreiblichen Elends der Slums, das sie dort sah, baute sie ab 1948 einen eigenen Orden auf und richtete das bekannte Sterbehaus für Schwerstkranke Nirmal Hriday ein.

Der Kampf gegen unzählige Widerstände brachte die zierliche Frau immer wieder an den Rand schwerer Depressionen. Doch sie blieb ihrer Berufung treu, die heute Tausende von Schwestern in aller Welt fortführen. 1979 erhielt Mutter Teresa den Friedensnobelpreis. Eines ihrer größten Anliegen war in den letzten Jahren ihres Lebens der Einsatz für den Frieden in der Welt. 1991, kurz vor Ausbruch des ersten Irak-Kriegs, schrieb sie an die Präsidenten George Bush und Saddam Hussein: „Sie haben die Macht, Menschen zu vernichten. Doch nichts kann das Elend und den Verlust von Leben rechtfertigen, den Ihre Waffen anrichten. Ich bitte Sie im Namen derer, die zu Waisen, Witwen und Krüppeln würden, sich zu versöhnen, Frieden und Leben nicht zu zerstören!“

Der Appell wurde nicht gehört. 1997 starb Mutter Teresa. 2016 wurde sie in Rom von Papst Franziskus heiliggesprochen. Ihre Ideale bleiben bis heute eine Herausforderung. In dem bescheidenen Zimmer in San Gregorio meint man ihre Stimme zu hören: „Niemand kann sich vorstellen, wie groß mein Wunsch ist, das Feuer der Liebe und des Friedens in der ganzen Welt anzuzünden!"

***

Während die Waffenhändler ihr Geschäft machen, gibt es einfache Friedensstifter, die ihr Leben hingeben, nur um dem einen oder anderen Menschen zu helfen. Ihr Vorbild ist Teresa von Kalkutta. Der Zynismus der Mächtigen mag sagen: „Was hat diese Frau schon geleistet? Sie hat ihr Leben geopfert, um anderen beim Sterben zu helfen." – Aber genau das ist der Punkt: Die heutige Welt versteht den Weg des Friedens nicht. Sie akzeptiert das Friedensangebot Jesu nicht. Und deshalb weint Jesus heute.

Papst Franziskus, 2016

Die Frucht des Schweigens ist das Gebet,
die Frucht des Gebetes ist der Glaube,
die Frucht des Glaubens ist die Liebe,
die Frucht der Liebe ist der Dienst,
und die Frucht des Dienstes ist der Friede.

Mutter Teresa

c Offen für die Welt
San Paolo fuori le mura und Tre Fontane

Der Tag, an dem man traditionell der Bekehrung des Apostels Paulus gedenkt, der 25. Januar, bildet jedes Jahr den Abschluss der internationalen Gebetswoche für die Einheit der Christen. Der Papst feiert dann stets mit den Vertretern aller christlichen Kirchen in Rom eine ökumenische Vesper in der Basilika „San Paolo fuori le mura" – „Sankt Paul vor den Mauern".

Die Kirche, in der man von jeher das Grab des Völkerapostels verehrt, wird seit über 1300 Jahren von Benediktinern betreut. Wer sie besuchen möchte, fährt heutzutage von der römischen Innenstadt aus durch ein Meer von Wohnhäusern, Geschäften und Verwaltungsgebäuden. Kaum vorstellbar, dass hier vor 2000 Jahren nur Wiesen, Felder und Gräber waren. Im 4. Jahrhundert ließ Kaiser Konstantin über der Stelle, an der man das Grab des Völkerapostels Paulus vermutete, die erste Basilika errichten. Später wurde die Kirche erweitert, im 19. Jahrhundert aber durch einen verheerenden Brand zerstört.

TIPP
Zur Basilika di San Paolo und zur Abbazia delle Tre Fontane (si. nächste Seite) gelangt man am besten mit der römischen Metrolinie B, Richtung „Laurentina". „Basilica di San Paolo" ist eine eigene Haltestelle, von der aus es nur wenige Schritte bis zur Kirche sind. Von der Endhaltestelle „Laurentina" aus nach „Tre Fontane" muss man allerdings noch ein ganzes Stück zu Fuß laufen oder auf einen der eher selten fahrenden Busse warten. Notfalls gibt es Taxis.

Heute strahlt die Fassade von San Paolo wieder, als sei ihr nie ein Leid geschehen. Als wir den weiten, halbdunklen Innenraum betreten, fällt unser Blick sofort auf das prachtvolle, goldene Mosaik in der Apsis. Es zeigt Christus als Weltherrscher. Etwas weiter

Die Basilika „San Paolo fuori le mura“: Oben: Atrium bzw. Eingangsbereich von außen
Unten: Eine ökumenische Vesper mit Papst Franziskus in der Basilika

vorne steht im Mittelschiff unter einem Baldachin der Hauptaltar.

Unmittelbar davor können wir in einen offenen Raum, die sogenannte „offene Confessio", hinabsteigen und durch ein Bronzegitter einen Blick auf den Bereich im Boden unterhalb des Altares werfen. Dort sehen wir einen antiken Sarkophag und eine Marmorplatte mit der Widmung: „Paolo Apostolo Martiri" – „Dem Märtyrer Apostel Paulus". Wissenschaftler haben das Innere des Sarkophags vor einigen Jahren im Auftrag des Vatikans mit einer Sonde untersucht. Dabei kamen winzige Reste von Goldbrokat und Knochensplitter aus dem 1. Jahrhundert zum Vorschein.

Journalisten haben die Ergebnisse der Untersuchungen bei einer Pressekonferenz interessiert zur Kenntnis genommen. Den meisten Pilgern, die hier des Apostels gedenken, dürfte es wichtiger sein, an dieser Stelle etwas von der Glaubenskraft und dem universellen Geist des Apostels zu spüren. Besonders deutlich wird das immer dann, wenn der Papst mit ökumenischen Gästen zu dem Grab hinabsteigt, um dort zu beten.

Gelegentlich lesen die Religionsvertreter dann gemeinsam das „Hohelied der Liebe" aus dem ersten Brief des Apostels an die Gemeinde von Korinth, das auf „Glaube, Hoffnung und Liebe" setzt (1 Kor 13). Solche ökumenischen Gesten lassen hoffen, dass die spirituelle Verankerung der Konfessionen in Jesus und der Urkirche irgendwann stärker sein wird als kirchenpolitische oder dogmatische Streitigkeiten.

Über dem Sarkophag sehen wir in einer gläsernen Kassette Eisenketten: Der Überlieferung nach sind es Ketten, die Paulus trug, als er gefangen gehalten und hingerichtet wurde. Zum Fest Peter und Paul am 29. Juni werden sie stets in einer ökumenischen Prozession durch das Stadtviertel getragen. Der Mut des Apostels

Blick auf das Grab des Völkerapostels, zu dem man vor dem Hauptaltar in San Paolo fuori le mura hinabsteigen kann. Darüber ein Glaskasten mit Ketten, die der Überlieferung nach Paulus fesselten.

und seine Beharrlichkeit im Glauben sind heute für Christen aus allen Kirchen ein Vorbild.

Etliche Details zum Leben und Sterben des Paulus sind nur aus Legendensammlungen bekannt. Alles in allem darf man aber annehmen, dass er in Rom zwar zeitweise unter Anklage und Bewachung stand, sich aber weithin frei bewegen und lehren konnte. Erst im Zuge der Christenverfolgung unter Kaiser Nero nach dem großen Brand in Rom im Jahr 64 wurde wohl auch gegen ihn ein Todesurteil ausgesprochen und vollstreckt.

Unweit der Basilika San Paolo lag einst eine öffentliche Richtstätte. Dort soll Paulus nach ältesten Überlieferungen gestorben sein. Später entstand hier, eingerahmt von Zypressen, Oliven-

Der Platz vor der Abteikirche von Tre Fontane, rechts die kleine Kirche „Santa Maria in Scala Coeli".

Zelle in der Krypta des Kirchleins „Scala Coeli“, die möglicherweise als Gefängnis des Paulus diente.

und Eukalyptusbäumen, die Abtei „San Paolo alle Tre Fontane“ – „Sankt Paul an den Drei Quellen“.

Als wir den Klosterbezirk von der verkehrsreichen Via Laurentina aus betreten, kommen wir in eine Oase der Ruhe. Mittelpunkt der Anlage ist ein kleiner Platz mit einer Mariensäule vor der romanischen Klosterkirche – „Santi Vincenzo e Anastasio“. Zur Rechten sieht man, etwas erhöht, das Kirchlein „Santa Maria Scala Coeli“. Unter ihm sollen tief in der Erde die Gräber Tausender christlicher Soldaten liegen, die im 3. Jahrhundert bei einer Verfolgung hingerichtet wurden. In der Krypta sieht man eine kleine Zelle, die als Gefängnis des Paulus gilt.

Eine antike römische Straße führt weiter zu einer Kapelle, die nach ältesten Überlieferungen dort steht, wo Paulus enthauptet wurde. Drei Quellen, so heißt es, seien an den Stellen entsprungen, an denen sein Kopf aufschlug. Daher der Namen der Abtei: „Tre Fontane“ – „Drei Quellen“.

Im Lauf der Jahrhunderte haben in dem angrenzenden Kloster Benediktiner, Zisterzienser und armenische Mönche gewohnt. Seit dem 19. Jahrhundert sind hier Trappisten zu Hause, ein Reformzweig der Zisterzienser. In einem kleinen Laden neben der Abteikirche mit ihrer mystischen Atmosphäre kann man Produkte des Ordens aus aller Welt kaufen: Schokolade und Honig, Wein, Olivenöl, Seife und anderes.

TIPP
Der Eukalyptuslikör und manche anderen Produkte, die hier verkauft werden, gelten in Rom als Geheimtipps zur Heilung von Erkältungen und Entzündungen vieler Art.

Als wir durch den Laden schlendern, wird uns deutlich, dass auch die Trappisten, die nach der Regel Benedikts, aber sehr zurückgezogen und kontemplativ leben, längst rund um den Globus zu Hause sind. Der indische Pazifist und Freiheitskämpfer Mahatma Gandhi erzählte einst, dass er in einem Trappisten-Kloster in Südafrika die Bibel und das Schweigen zu schätzen gelernt habe.

In Marokko leben Trappisten heute im Austausch mit ihrem muslimischen Umfeld. In Syrien produzieren Schwestern des Ordens Seife, um ihren Lebensunterhalt zu finanzieren und im anhaltenden Bürgerkrieg den Ärmsten beizustehen. Wir sind sicher: Dem Völkerapostel Paulus, der mit seinen Reisen einen Grundstein für die Ausbreitung des Christentums legte, würde all das gefallen.

***

Der Geist des antiken Raumes ist [in San Paolo fuori le mura] über alle traurige Vernichtung hinweg lebendig geblieben, und der Apostel Paulus hat in ihm eine Heimstätte, die seines Geistes würdig ist. … Sein der Universalität verschworener Intellekt, sein unermüdliches Bemühen um die Geheimnisse der Gnade, das Feuer seines Glaubens, … all dies ist in der glänzenden Basilika gegenwärtig. Die Kirche San Paolo sagt vieles über den Apostel aus, vor allem aber, dass die Liebe, ohne die alles eine klingende Schelle wäre, nicht nur Anziehungskraft ist, sondern Geist.

Reinhard Raffalt[14]

Und wenn ich prophetisch reden könnte und alle Geheimnisse wüsste und alle Erkenntnis hätte, hätte aber die Liebe nicht, wäre ich nichts … Denn Stückwerk ist unser Erkennen, wenn aber das Vollendete kommt, vergeht alles Stückwerk. Jetzt schauen wir in einen Spiegel und sehen rätselhafte Umrisse, dann aber schauen wir von Angesicht zu Angesicht. Jetzt erkenne ich unvollkommen, dann aber werde ich durch und durch erkennen, so wie auch ich durch und durch erkannt worden bin. Für jetzt bleiben Glaube, Hoffnung, Liebe, diese drei; doch am größten unter ihnen ist die Liebe.

1 Kor 13,2 ff (gekürzt)

XI NEUE WEGE GEHEN

a Brücken bauen
Ara Coeli und die römische Moschee

Auf dem Kapitolshügel, von dem aus man einen fantastischen Blick auf Rom hat, erhebt sich die Basilika „Santa Maria in Ara Coeli" (vgl. Abb auf Seite 130). Sie wurde über einem antiken Tempel erbaut, in dem man einst die höchste Göttin, Juno, verehrte. Seit dem Jahr 1250 betreut ein Franziskanerkonvent die Marienkirche und das kostbarste Jesuskind Roms, das in ihr aufbewahrt wird: das „Bambino Santo" von Ara Coeli. Die nur etwa sechzig Zentimeter hohe Holzfigur steht in einer Kapelle links neben dem Altar. Zu ihren Füßen liegen unzählige Briefe, die Kinder aus aller Welt an das Jesuskind gerichtet haben.

Um die kleine Gestalt ranken sich viele Legenden. Im Mittelalter, so heißt es, schnitzte ein Franziskaner aus dem Konvent von Ara Coeli das Bambino bei einem Aufenthalt in Jerusalem aus dem Holz eines Olivenbaums. Aber als er per Schiff nach Rom zurückfuhr, ging bei einem Unwetter alle Habe der Passagiere über Bord, so auch das Jesuskind. Später fanden es Fischer an der italienischen Küste, und das Bambino kam zu guter Letzt doch noch nach Ara Coeli.

Das in Rom am meisten verehrte Jesuskind, das Bambino Santo von Ara Coeli

In dem abenteuerlichen Weg des Jesuskindes von Jerusalem nach Rom spiegelt sich indirekt ein historisches Ereignis: der Besuch des Franziskus von Assisi im Heiligen Land vor über 800 Jahren. Soviel man weiß, begleitete der Heilige damals ein Versorgungsschiff des 5. Kreuzzugs in den Vorderen Orient. Ein Brief des Bischofs von Akkon, Jacques de Vitry, belegt jedenfalls im Jahr 1219 die Anwesenheit von Franziskus und einigen Mitbrüdern in Ägypten. Die Kreuzfahrer kämpften dort gegen muslimische Truppen unter dem Oberbefehl von Sultan Malik al Kamil, einem Herrscher, der wie Franziskus noch keine vierzig Jahre alt war.

Schließlich kam es im Nildelta am Rand der Stadt Damiette während einer Waffenruhe offenbar zu einer Begegnung zwischen den beiden Männern. Muslimische und christliche Quellen liefern Hinweise, dass es sich um ein überraschend friedliches Gespräch handelte, bei dem jeder im anderen einen aufrichtigen Gläubigen erkannte.

Franziskus, so heißt es, habe anschließend mit Hilfe des Sultans die biblischen Stätten im Heiligen Land besuchen können und viele Eindrücke aus der Heimat Jesu mit nach Italien genommen. Einzelheiten liegen im Dunkel der Geschichte. Sicher ist aber: Die heutige Anwesenheit der Franziskaner und ihrer Klöster im Heiligen Land geht auf diese Zeit zurück.

Die Erinnerung an die historische Begegnung zwischen Franziskus und dem Sultan war für den Franziskanerorden 2019 ein willkommener Anlass, vielerorts Dialogveranstaltungen, Vorträge und Konzerte zu organisieren, so auch in der Basilika von Ara Coeli. Auch andere interreligiös engagierte Gruppen ergriffen in Rom die Chance, den muslimisch-christlichen Dialog zu vertiefen. Gesprächspartner fand man unter anderem in der großen Moschee und dem ihr angeschlossenen Islamischen Kulturinstitut.

Gebetsraum der großen Moschee im römischen Stadtteil Parioli

Die Moschee liegt im Norden Roms im Stadtteil Parioli. Ihr Bau wurde von mehreren arabischen Ländern unterstützt. Der Grundstein konnte 1984 gelegt werden, die Einweihung erfolgte 1995. Der marokkanische Botschafter hielt die Einweihungsrede und betonte, dass die Moschee ein Ort der Fortbildung und Verständigung zwischen Gläubigen verschiedener Religionen sein solle. Sie fasst bis zu 12 000 Personen und gilt als eine der größten in Europa. Migranten vieler Länder finden hier ein Stück Heimat und einen gepflegten Rahmen für Hochzeiten oder andere religiöse Zeremonien.

TIPP
Die Moschee ist (außerhalb der Gebetszeiten) für Besucher aus aller Welt göffnet. Der Eintritt ist gratis. Die Öffnungszeiten variieren allerdings stark. Bevor man den lohnenden aber weiten Weg zur Moschee fährt, sollte man sich unbedingt im Internet oder per Telefon über die aktuell geltenden Zeiten informieren.

Die sehenswerte Anlage kann auch von nicht-muslimischen Gästen besucht werden. Die Mühe lohnt: Über einen weiten Vorhof mit einem runden Brunnen kommen wir in einen ebenso großen wie hellen Gebetsraum. Die Architekten haben sich bemüht, das Thema „Allah ist Licht“ umzusetzen. Fenster und Leuchter, geschwungene, schlanke Säulen und eine von Licht durchströmte Kuppel tragen dem Rechnung. Weiche blaue Teppiche mit Blumenornamenten laden zu Meditation und Gebet ein.

Seit sich die katholische Kirche im Zweiten Vatikanischen Konzil für den interreligiösen Dialog öffnete, hat das Thema in Rom zunehmend an Bedeutung gewonnen. Angesichts von Terror und Krieg setzt man nicht nur im Vatikan auf die Frieden stiftende Kraft der Religionen. In Erinnerung an die Begegnung vor Damiette im Jahr 1219 trafen sich Papst Franziskus und der Großscheich der einflussreichen ägyptischen Universität Al-Azhar, Ahmed Al-Tayyeb, 2019 in Abu Dhabi. Gemeinsam unterzeichneten sie dort ein Dokument, das international Aufsehen erregte: „Tutti Fratelli“ – „Alle Menschen sind Geschwister“.

Noch im selben Jahr wurde ein „Hohes Komitee“ gegründet, dem Vertreter mehrerer christlicher Konfessionen ebenso angehören wie jüdische und muslimische Repräsentanten. Zusammen mit der UNO bemüht man sich, das Ideal einer weltumspannenden Geschwisterlichkeit auf vielen Ebenen umzusetzen. Heißt es doch im Text von Abu Dhabi: „Wir hoffen, dass diese Erklärung eine Einladung zur Versöhnung unter allen Glaubenden ist, besser noch unter Glaubenden und Nichtglaubenden sowie unter allen Menschen guten Willens. … Möge sie ein Aufruf an jedes wache Gewissen sein, um einen universalen Frieden zu erreichen!“

***

Der interreligiöse Dialog ist ein Pilgerweg und ein Risiko: ein Pilgerweg insofern, als wir unseren gewohnten, abgesicherten Bereich verlassen müssen, um anderen zu begegnen, um ihre Schönheit und ihren Reichtum zu erkennen, aber auch um unseren eigenen Reichtum mit ihnen zu teilen. Es ist ein Stück Weg, das man zusammen geht, ein Weg, der Zeit und Geduld beansprucht. Zugleich ist der Dialog ein Risiko, denn wenn ich den anderen frage: „Wie sieht dein Gottesbild aus? Wie lebst du deinen Glauben?“, wird er an mich dieselben Fragen richten. So bin ich gezwungen, mir über meinen eigenen Glauben Rechenschaft abzulegen, ich muss für mich und andere durchsichtig werden. Aber wenn das gelingt, ist der Dialog ein Austausch von Gaben.

Kardinal Jean Louis Tauran,
*bis 2018 Präsident des Päpstlichen Dialograte*s[15]

Wir Benediktiner pflegen seit vielen Jahren einen Gesprächskreis mit schiitischen Muslimen. Auch das ist ein Pilgerweg. Für ihn gilt, was auf jedem Pilgerweg gilt: Wenn wir offen füreinander sind, entdecken wir einander. Wir hören die Lebens- und Glaubensgeschichten anderer, erfahren, wie viel der andere durchlitten hat, welche Schwierigkeiten er meistern musste, wo seine Ängste und Hoffnungen liegen. Wir lernen zu hören und sind glücklich, das tiefere Geheimnis anderer zu verstehen. Beim Pilgern öffnen sich Herzen. Das gilt auch hier: Wir merken, dass wir Menschen füreinander geschaffen sind. Freundschaften entstehen. Erst das Miteinander bringt den Reichtum des Menschseins zum Tragen.

Notker Wolf

b Die Kraft der Liebe
Die römische Synagoge und die Tiberinsel

Die idyllische Tiberinsel im Herzen Roms, die „Isola Tiberina“, wirkt wie ein großes Boot, das auf dem Fluss treibt. Römer und Touristen ruhen hier gerne etwas aus und trinken auf dem kleinen Platz vor der Basilika San Bartolomeo einen Kaffee. Ein Denkmal erinnert auf dem Platz an den heiligen Johannes von Gott – „San Giovanni di Dio“. Er gründete den Orden der Barmherzigen Brüder, der „Fatebenefratelli“, der auf der Insel ein Krankenhaus leitet. Interessanterweise stand hier schon in der Antike ein Tempel des Äskulap, des Gottes der Heilkunst.

Von der Isola aus führen Brücken über den Tiber an beide Ufer: die eine in den Stadtteil Trastevere, die andere in jenes

Die Isola Tiberina, die Tiberinsel, mit dem Krankenhaus der Barmherzigen Brüder, links die Kuppel der großen römischen Synagoge

Die Piazza vor der kleinen Kirche „San Bartholomeo“ auf der Tiberinsel

Viertel, das man in Rom bis heute unter dem Namen „Ghetto“ kennt. Jahrhundertelang waren jüdische Familien gezwungen, dort hinter Mauern auf engstem Raum und unter schwierigsten Bedingungen zu leben. Das änderte sich erst, als der Kirchenstaat 1870 seine Macht verlor und Rom wenig später die Hauptstadt des geeinten Königreichs Italien wurde. Die religiösen Minderheiten in der Stadt atmeten auf.

Die jüdische Gemeinde konnte nun nahe dem Flussufer eine große, neue Synagoge errichten, deren markante viereckige Kuppel auch heute weithin sichtbar ist: den „Tempio Maggiore“. Das eindrucksvolle Bauwerk, dessen Innenraum dekorative Blumenornamente und Jugendstilelemente zieren, wurde 1904 unter Anwesenheit vieler politischer Repräsentanten feierlich eingeweiht.

Damals begann auch schrittweise ein Prozess der Annäherung und Aussöhnung zwischen der katholischen Kirche und der jüdischen Gemeinde. Inzwischen haben drei Päpste die Synagoge besucht: Johannes Paul II. betrat 1986 als erstes Oberhaupt der katholischen Kirche den Tempio Maggiore und wurde dort von Rabbi Elio Toaff empfangen, 2010 folgte Benedikt XVI. seinem Vorbild und 2016 Papst Franziskus. Eine Atmosphäre der wechselseitigen Wertschätzung entstand. Das ehemalige Ghetto hat heute ein völlig neues Gesicht: Lokale und Geschäfte bieten leckere jüdische Spezialitäten an und werden von Römern ebenso gerne aufgesucht wie von Touristen aus aller Welt.

Zugleich ist die dramatische Geschichte der jüdischen Gemeinde keineswegs vergessen. Der Name eines Platzes hinter der Synagoge mahnt, das Unrecht der Vergangenheit nie zu wiederholen: die „Piazza 16 Ottobre 1943“: Rom war zu jener Zeit von Nazitruppen besetzt. Die SS hatte von der jüdischen Gemeinde 50 Kilogramm Gold als Lösegeld erpresst und erhalten. Trotzdem verschleppte sie während eines brutalen Überfalls in der Nacht zum 16. Oktober mehr als 1 000 Personen in Konzentrationslager nördlich der Alpen. Kaum einer sollte Rom wiedersehen.

Immerhin weiß man heute von einer beispielhaften Hilfsaktion, die damals begann: Klöster und kirchliche Einrichtungen in ganz Rom öffneten heimlich ihre Pforten, um bedrohte Juden und Regimegegner zu verstecken. Das Benediktinerkloster Sankt Paul vor den Mauern und der Campo Santo Teutonico waren an der Aktion ebenso beteiligt wie unzählige andere. Der Vatikan und das Kulturinstitut der jüdischen Gemeinde haben inzwischen Recherchen durchgeführt, die belegen, dass Tausende römischer Juden auf diese Weise gerettet wurden.

Auch in den Gewölben neben und unter der Kirche von San Bartolomeo auf der Tiberinsel fanden damals viele Juden Zuflucht. An vorderster Front halfen hier die Barmherzigen Brüder. Sie verbargen in ihrem Krankenhaus etwa fünfzig jüdische Personen, getarnt als Patienten mit der gefährlichen Krankheit „Morbus K", wobei „K" als Chiffre für den SS-Kommandanten Kappler stand. Der damalige Chefarzt, Giovanni Borromeo, wurde 2004 von Yad Vashem als „Gerechter unter den Völkern" geehrt.

TIPP
Besucher können die Synagoge zu bestimmten Zeiten zusammen mit dem jüdischen Museum im Rahmen einer Führung besichtigen.

Als wir auf der Piazza San Bartolomeo vor dem Krankenhaus sitzen und über die damaligen Ereignisse nachdenken, bewundern

Abendgebet in der Kirche San Bartolomeo auf der Tiberinsel

wir den Mut von Christen wie Borromeo, die anderen halfen, obgleich sie sich damit in Lebensgefahr brachten. Anschließend werfen wir noch einen Blick in die kleine Basilika San Bartolomeo auf der anderen Seite des Platzes. Hier wurde auf Wunsch von Papst Johannes Paul II. ab dem Jahr 2000 von der Gemeinschaft Sant'Egidio eine ökumenische Gedenkstätte für Märtyrer der Moderne eingerichtet.

Eine Kommission von Historikern hatte im Vorfeld die Namen von Christen des 20. Jahrhunderts gesammelt, die sich für andere einsetzten und dabei Opfer von Diktatoren, Terroristen oder anderen verbrecherischen Organisationen wurden. Man zählte Hunderttausende von Opfern weltweit: in den Militärdiktaturen Südamerikas und in der ehemaligen Sowjetunion, im Faschismus Europas oder in afrikanischen Regimen.

Wenn man San Bartolomeo betritt, spürt man zunächst nichts von alldem. Es ist eine helle, freundliche Kirche, die uns eine rundum positive Atmosphäre vermittelt. Nur auf den Seitenaltären sind persönliche Dinge ausgestellt, die die modernen Märtyrer hinterließen: Kreuze, Briefe, Bibeln und anderes.

Eine Ikone erzählt vom Attentat auf vier Mitschwestern von Mutter Teresa im Jemen. Das Testament des französischen Trappisten Christian de Chergé fordert zur Versöhnung zwischen den Glaubensgemeinschaften auf. Ein Rosenkranz des russisch-orthodoxen Mystikers Alexander Men ruft das Leid so vieler unter der Sowjetdiktatur wach. Aus der Zeit des Nazi-Terrors sehen wir die Namen des evangelischen Pfarrers Paul Schneider, der im Konzentrationslager Buchenwald andere Häftlinge stärkte, und des Franziskaners Maximilian Kolbe, der für einen Mitgefangenen starb.

„In diesen Märtyrern sind wir Christen vereint“, sagte einst Johannes Paul II. „Wo der Hass alles Leben zu verderben schien, haben sie gezeigt: Die Liebe ist stärker als der Tod." Die Zeugnisse in San Bartolomeo lassen uns verstehen: Die Märtyrer unserer Tage sind keine Kinohelden, sondern Menschen wie du und ich, aber ihr Beispiel ist zugleich eine Herausforderung an jeden Einzelnen von uns.

***

Erstaunlicherweise sind gerade jene Christen, die nur auf die Kraft der Liebe setzen, anderen Zeitgenossen ein Dorn im Auge. Das hängt damit zusammen, dass diese Christen gegen den Strom schwimmen, indem sie ihre Knie vor keiner weltlichen Macht beugen, sondern nur vor Christus. Sie stehen für eine Macht ohne Waffen, die sanft und zugleich stark ist, weil in ihr die Kraft der Liebe Jesu wirkt. Für eine Welt, in der viele ihre Orientierung verloren haben und meinen, ihre Identität nur mit roher Gewalt verteidigen zu können, ist das eine Provokation. Letztlich sind all diese Märtyrer Menschen, an deren Stelle auch wir hätten stehen können. Und falls nicht, müssen wir uns fragen, warum?

Don Marco Gnavi
Mitglied der Kommission Neue Märtyrer[16]

XII ANKOMMEN

Durch die Heilige Pforte gehen

Liebe Pilgerin, lieber Pilger – lieber Leser, liebe Leserin!

Wenn Sie uns bis hierher gefolgt sind, wenn Sie einige unserer Gedanken teilen und vielleicht einige Orte persönlich aufsuchen konnten, die wir in diesem Buch zusammengestellt haben, dann fehlt jetzt nur noch ein letzter Schritt: der Schritt durch die „Heilige Pforte". Jeder Pilgerweg hat ein Ziel. Und für Rom-Pilger aus aller Welt ist dieses Ziel seit Jahrhunderten, die Petersbasilika zu besuchen und wenn möglich dort durch die Heilige Pforte zu gehen: die „Porta Santa".

Diese Pforte/Tür wird nur in „Heiligen Jahren" geöffnet – im Petersdom und in vielen anderen katholischen Kirchen Roms, ja der ganzen Welt. Das ist seit dem Jahr 1300 mehr oder weniger alle 25 Jahre der Fall, so auch 2025! Trotz des unvermeidlichen Gedränges und der Geduld, die jedem Pilger dabei abverlangt wird, ist der symbolträchtige Weg durch diese Pforte in der Regel ein sehr emotionaler Moment. Man weiß sich im Einklang mit einer uralten Tradition und mit Millionen von Gläubigen rund um den Globus.

Die Heilige Pforte – Porta Santa – der Petersbasilika

Papst Franziskus rief 2015 ein außerplanmäßiges Heiliges Jahr aus. Es stand unter dem Motto „Barmherzigkeit" – als Kontrast zu Phänomenen wie Gewalt und Terror, Hass und Krieg, die schon damals die Welt quälten. Ein von Laienbewegungen organisierter ökumenischer und zugleich interreligiöser Pilgerweg zum Petersdom bewies damals, dass Christen vieler Konfessionen und Angehörige aller Weltreligionen Ideale wie Mitgefühl und Barmherzigkeit teilten.

Das Leitmotiv des Heiligen Jahres 2025 lautet „Hoffnung". In der Bulle, die das Ereignis angekündigt und vorbereitet hat, verweist Papst Franziskus auf die ökumenische Dimension dieses Jahres: Es findet genau 1700 Jahre nach dem ersten „Ökumenischen Konzil" statt, zu dem Kaiser Konstantin Vertreter der ganzen damaligen Christenheit einlud. Die Erinnerung an dieses Konzil, betont betont der Papst in der Bulle, sei eine Aufforderung an alle Gläubigen, „auf dem Weg zur sichtbaren Einheit weiterzugehen".

Vom Lutherischen Weltbund kamen umgehend positive Signale: Man wolle sich gerne gemeinsam auf das Konzil von 325 besinnen, in dem noch alle Christen „eins" waren. Ihr Arbeitsprogramm für die Jahre ab 2025 stellten die Lutheraner offiziell unter das Motto „Sharing hope" – „Hoffnung teilen".

Zu den vielen Punkten, auf die sich die Hoffnung eines Heiligen Jahres richtet, gehört für Franziskus die Vergebung: „Das Vergeben ändert nicht die Vergangenheit", schreibt der Papst, „doch Vergebung kann die Zukunft verändern, indem sie uns anders leben lässt: ohne Groll, Verbitterung und Rache."

Wo Vergebung stattfindet, wird auch Versöhnung möglich: Versöhnung mit sich selbst, mit anderen und in letzter Konsequenz mit der Urkraft der Liebe, die in allem Lebendigen wirkt, mit Gott. Genau das meint auch der sogenannte „Ablass", der in der katholischen Tradition mit dem Weg durch die Pforte verbunden ist und über den es zwischen den Konfessionen im 16. Jahrhundert so viel Streit gab. Heute ist man sich im Wesentlichen einig: Jeder Mensch braucht Barmherzigkeit, Vergebung und die Hoffnung, dass er eine Zukunft hat. Aber er kann sich all dies nicht selbst geben, und er kann es auch nicht kaufen. Er kann nur darum bitten und es sich letztlich schenken lassen.

Vermutlich motivierte Rom-Pilger aller Zeiten eine namenlose, oftmals kaum bewusste Sehnsucht nach Heilung und Versöhnung: nach einer Heilung der Zerwürfnisse in der Gesellschaft und in der Welt, wie auch der Risse im eigenen Leben. Der Weg durch die Heilige Pforte hat so gesehen nicht nur eine jahrhundertealte Tradition. Er hat bis auf den heutigen Tag – modern ausgedrückt – auch eine wichtige psychologische Funktion.

Wir möchten daher am Ende dieses Buches alle einladen, den äußeren Weg durch diese Heilige Pforte als innere Kurskorrektur und Befreiung zu verstehen: als Entschluss, die Belastungen der Vergangenheit, wo immer möglich, abzustreifen und sich wieder neu auf das Positive auszurichten. Freilich geht das nicht aus eigener Kraft. Die christliche Tradition setzt deshalb von jeher auf die Kraft dessen, der die Welt in Händen hält.

Vielleicht war die Lektüre dieses Buches für Sie ein Anstoß, dieser Kraft nachzuspüren. Vielleicht konnten Sie zu Hause oder in der Mittagspause im Büro eine kleine geistige Reise antreten, ein paar Minuten meditieren und die römische Atmosphäre in sich lebendig werden lassen. Möglicherweisen haben Sie sogar hier in Rom unter einer Pinie, in einer Kirche oder auf einem Stein sitzend etwas von jener Kraft geahnt, die alles Verstehen übersteigt, und von jener Liebe, die alles verwandeln kann. Wie auch immer: Wenn Sie nur einen Hauch davon wahrgenommen haben, dann ergreifen Sie dieses Gefühl, teilen Sie es mit anderen und lassen Sie es nicht mehr los! Gehen Sie durch die Pforte!

– Und: Danke, dass Sie uns begleitet haben!

***

Ankommen,
nicht irgendwann,
nicht irgendwo,
sondern heute, jetzt und hier!
Werden, was ich vom Ursprung her bin,
tief in mir,
dort, wo alles Oberflächliche
sich auflöst:
Eins mit dem Unendlichen.

Corinna Mühlstedt

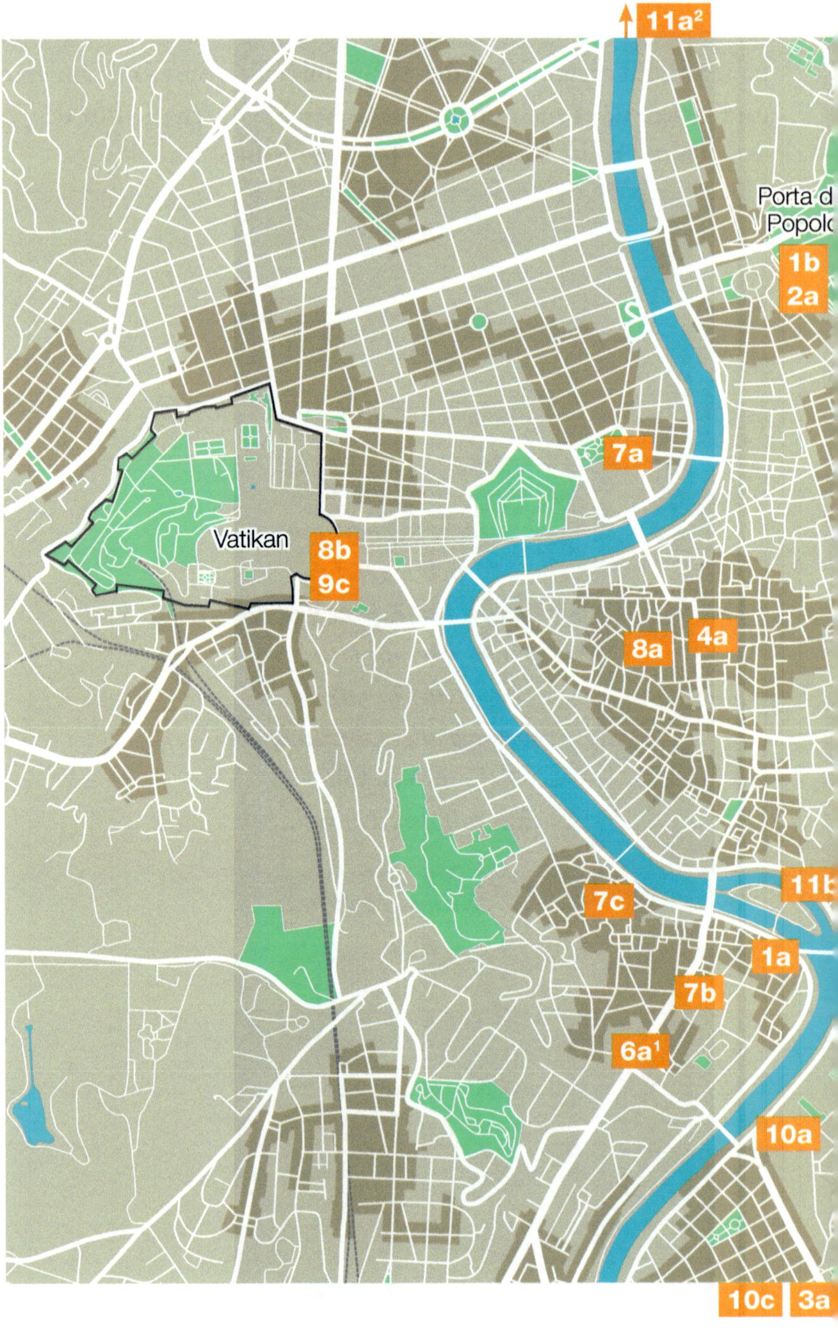
11a²
Porta d
Popolo
1b
2a
7a
Vatikan
8b
9c
8a
4a
11b
7c
1a
7b
6a¹
10a
10c
3a

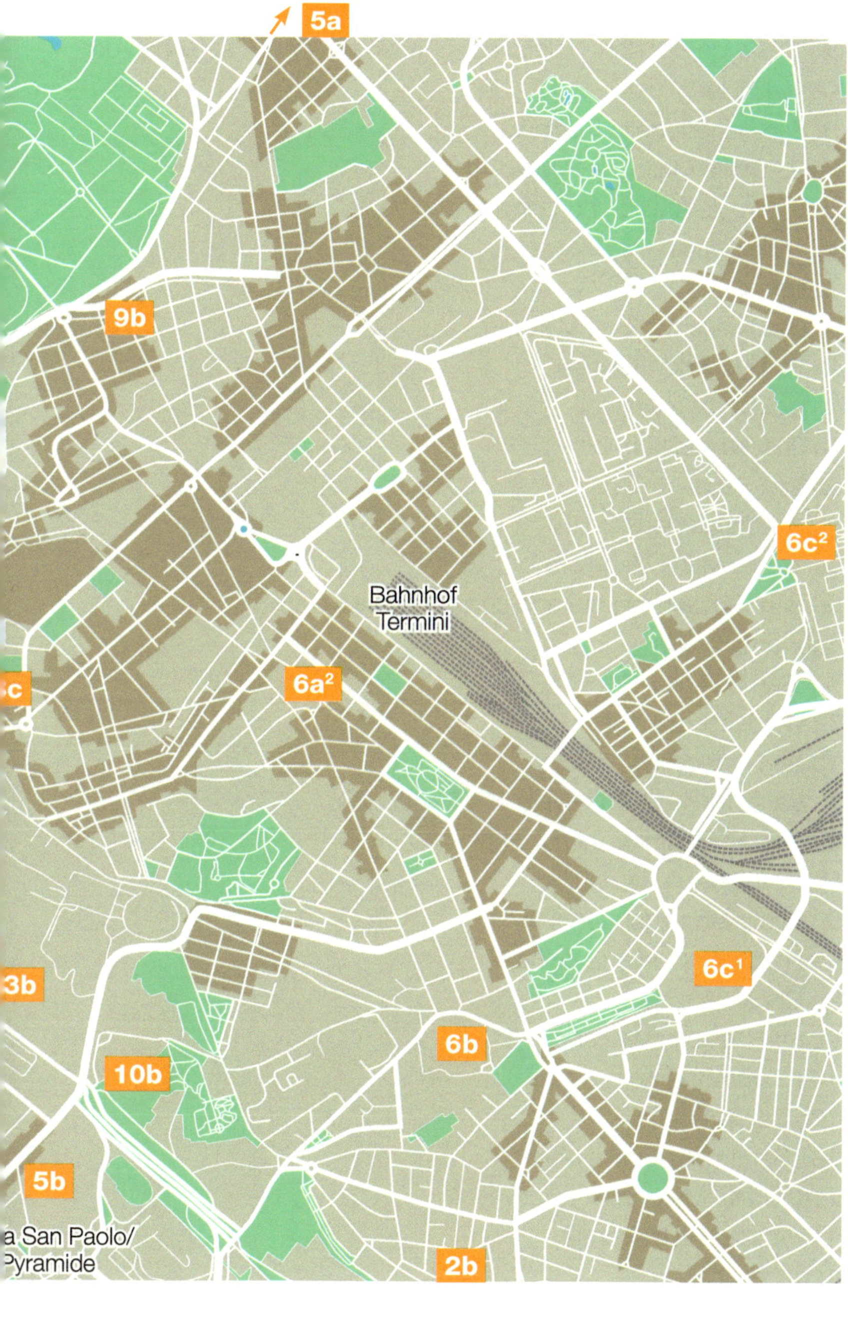

5a
9b
Bahnhof
Termini
6c²
6a²
c
6c¹
3b
6b
10b
5b
a San Paolo/
Pyramide
2b

Die Zahlen in der Karte folgen der Gliederung und entsprechen der Kapitelzählung

1a San Benedetto in Piscinula
1b/2a Santa Maria del Popolo
2b Via Appia Antica und Domine Quo Vadis
3a Ostia Antica
3b Palatin
3c Das Kreuz von San Marcello
4a San Luigi dei Francesi
4b Bocca della Verità
5a Priscilla-Katakombe
5b San Saba
6a[1] Madonna degli Orfani
6a[2] Santa Maria Maggiore
6b San Giovanni in Laterano und die Scala Santa
6c[1] Santa Croce
6c[2] San Lorenzo
7a Waldensertempel
7b San Francesco a Ripa
7c Santa Maria in Trastevere und Sant'Egidio
8a Santa Maria dell'Anima
8b Grab Johannes Paul II.
8c Santa Maria del Carmine
9a Friedhof an der Pyramide
9b Christuskirche
9c San Pietro in Vaticano
10a Sant'Anselmo
10b San Gregorio
10c San Paolo fuori le Mura
11a[1] Santa Maria in Ara Coeli
11a[2] römische Moschee
11b Tiberinsel

QUELLEN UND ANMERKUNGEN

1 Papst Franziskus, Spes non confundit, Verkündigungsbulle des Ordentlichen Jubiläums des Jahres 2025
2 Werner Bergengruen, Römisches Erinnerungsbuch, zitiert nach: Rom. Die gelobte Stadt. Eine literarische Reise, Reclam 2012, S. 233
3 Reinhard Raffalt, Concerto Romano, Prestel-Verlag 1958, Seite S. 164 f.
4 Sängerin Noa, Petersplatz Rom 2015, Text aus dem Englischen übersetzt
5 Benedikt XVI., beim interreligiösen Friedensgebet der Gemeinschaft Sant'Egidio in Neapel im Oktober 2007, Text aus dem Italienischen übersetzt
6 https://www.fr.de/kultur/haben-schwer-gesuendigt-11084213.html
7 Vortrag Walter Kardinal Kasper anläßlich des 500jährigen Jubiläums des Amtsantritts von Papst Hadrian im Jahr 2022
8 Chiara Lubich, Rückblick auf 1943, im Jahr 2000 in einem Interview mit der Autorin
9 Zitiert nach: Il Cimitero Acattolico di Roma, Allhelms Förlag (Malmö) 2002, S. 21f
10 Zitiert nach: Alessandro Rubinetti, Cimitero Acattolico, Iacobelli Edizione 2011
11 Zitiert nach: Il Cimitero Acattolico di Roma, Allhelms Förlag (Malmö) 2002, S. 21f
12 Johann Wolfgang Goethe, Italienische Reise, 10. November 1786, zitiert nach: Rom. Die gelobte Stadt. Eine literarische Reise, Reclam 2012, S. 108
13 Walter Kardinal Kasper, 2017 in einem Interview mit der Autorin
14 Reinhard Raffalt, Concerto Romano, Prestel-Verlag 1958, S. 395
15 Jean Louis Kardinal Tauran, 2015 in einem Interview mit der Autorin
16 Don Marco Gnavi, Kommission Neue Märtyrer, 2017 in einem Interview mit der Autorin

REGISTER

A

Abbazia (delle) Tre Fontane 172, 176 ff.
Abbazia San Paolo fuori le mura 96, 172 f., 175, 179
Alexamenos Graffito (Palatin) 48 f.
Appia Antica (Via) 33-36, 96
Aventin (Hügel) 12, 16, 19, 79, 158 f., 161 f., 167

B

Bocca della Verità 64 ff.
Benediktinerhochschule Sant'Anselmo 11 f., 19, 158-164
Benedikt (Heiliger) Wohnhaus (si. S. Benedetto in Piscinula) 15, 17-20
Benedikt (Papst) Grabmal 126 f.

C

Campo Santo Teutonico 153 f., 189
Caravaggio (Michelangelo Merisi da) 27-31, 59 ff.
Celio (Hügel) 167 f.
Christuskirche (Evangelisch-Lutherisch) 144-149
Cimitero Acattolico (si. Friedhof an der Pyramide) 138, 142
Circo Massimo / Zirkus Maximus 167

D

Domine quo vadis? (Kirche) 33, 35-38

F

Fatebenefratelli (Krankenhaus auf der Tiberinsel) 187
Fokolare (Begegnungszentrum) 130 f.
Forum Romanum 47, 50, 54, 85
Franziskus (Heiliger, Wohnhaus si. S. Francesco a Ripa) 106-109

G

Ghetto (ehemaliges) 188 f.

H

Hadrian VI (Papst - Grabmal) 117, 119 ff.

I/J

Isola Tiberina (= Tiberinsel) 15 f., 187 f., 190
Johannes Paul II (Papst – Grabmal)
113, 123-129, 133, 147, 168, 189,191

K

Kapitol (Hügel) 54, 130, 147, 181
Katakomben:
San Sebastiano 637
Sant'Agnese fuori le mura 75
Santa Priscilla 71 f.

M

Madonna degli Orfani 83 f.
Missionarie della Carità (Mutter Teresa) 169
Moschee (römische) in Parioli 181-185

O

Ostia Antica 40-43

P

Palatin (Hügel) 47-50, 64
Paulusgrab (si. San Paolo fuori le mura) 172-176, 176
Petrusgrab (si. Scavi Vaticani) 153-157
Piazza Cavour 101 ff.
Piazza Navona 59, 117 f.
Piazza San Pietro 151
Piazza Venezia 130 f.
Porta del Popolo 32 f.
Porta Flaminia 22 f.
Porta San Paolo 44, 137 f., 140

S

San Bartolomeo 187, 190 ff.
San Benedetto in Piscinula 15-20
San Clemente 52, 145
San Giovanni in Laterano 89, 96
San Gregorio al Celio 167-171
San Lorenzo fuori de mura 95-98
San Luigi dei Francesi 59 ff.
San Marcello 54-58
San Paolo fuori le mura 96, 172-176, 179
San Saba 77, 79 f.
Sancta Sanctorum 91, 93
Santa Costanza 74
Santa Croce in Gerusalemme 95 ff.
Santa Maria Antiqua 50, 85

Santa Maria del Carmine 130-134
Santa Maria del Popolo 22-31
Santa Maria dell'Anima 117-120
Santa Maria in Ara Coeli 181 ff.
Santa Maria in Trastevere 111-114
Santa Maria Maggiore 56, 83, 85 ff., 96
Santa Sabina 161 f.
Sant'Anselmo 11 f., 19, 158-164
Sant'Egidio 104, 111, 115, 191
Scala Santa 89, 92 f.
Scavi Vaticani (si. Petrusgrab)
Sixtinische Kapelle 60, 77
Synagoge (große, römische) 187-190

V/W

Valentin (Heiliger) 67 f.
Vatikanische Nekropole 153 f.
Waldenser (Tempel bzw. Kirche) 101-106, 149

ABBILDUNGS-VERZEICHNIS

Die Rechte für alle nicht gesondert genannten Bilder liegen bei den Autoren. Dabei geht unser spezieller Dank an Markus Muff (OSB) für die Abdruckerlaubnis für das Foto auf S. 158, und an die VatikanMedia für die Fotos auf den Seiten 127 und 161. Außerdem danken wir der Pontificia Commissione di Archeologia Christiana für das Foto auf der Seite 156.

Adobe Stock: S. 34 Paolo Savegnago, S. 66 Pino Pacifico, S. 102 Lucian Milasan, S. 107 tktktk, S. 111 SeanPavonePhoto, S. 112 dimamoroz, S. 118 Renáta Sedmáková, S. 123 TTstudio, S. 198/199 pbardocz

wikimedia.org: S. 28, S. 61

© KNA-Bild: S. 184